练就超强大脑！

经典 侦探推理

游戏大全

于雷 编著

人民邮电出版社
北京

图书在版编目（CIP）数据

练就超强大脑！. 经典侦探推理游戏大全 / 于雷编
著. -- 北京：人民邮电出版社，2024.5
ISBN 978-7-115-63835-9

Ⅰ. ①练… Ⅱ. ①于… Ⅲ. ①智力游戏 Ⅳ.
①G898.2

中国国家版本馆CIP数据核字(2024)第048819号

免 责 声 明

内 容 提 要

如何提高一个人思维的严密性和逻辑性呢？阅读侦探推理类故事是一个非常简单且有效的办法。在阅读这些妙趣横生的推理故事的同时，你可以运筹帷幄、抽丝剥茧、去伪存真，最终洞察一切。本书收编了 300 余个经典、有趣的侦探推理游戏，包含唯一的真相、疑案巧侦破、关注小细节、不可能案件、机智巧应对、真假大辩论、丰富的联想、智慧大推理八个主题的题目类型，帮助读者冲破思维定式，学会从不同的角度去思考问题，掌握更科学的思维方式和方法，逐步成为一个注重细节和逻辑的人。

- ◆ 编　　著　于　雷
　　责任编辑　林振英
　　责任印制　彭志环
- ◆ 人民邮电出版社出版发行　　北京市丰台区成寿寺路 11 号
　　邮编　100164　　电子邮件　315@ptpress.com.cn
　　网址　https://www.ptpress.com.cn
　　廊坊市印艺阁数字科技有限公司印刷
- ◆ 开本：787×1092　1/32
　　印张：7　　　　　　　　　　2024 年 5 月第 1 版
　　字数：172 千字　　　　　　2025 年 9 月河北第 2 次印刷

定价：39.80 元

读者服务热线：(010)81055296　印装质量热线：(010)81055316
反盗版热线：(010)81055315

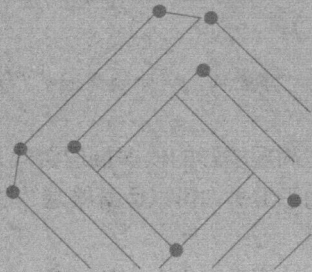

多思考，开发智力和大脑！

破奇案，挑战思维的极限！

善推理，成功终将属于你！

一个人的智慧需要不断培养，才会成熟；一个人的思维需要不断学习，才会提高。爱因斯坦曾经说过：逻辑思维能力强是智商高的表现。因为思维的逻辑性在很大程度上决定了一个人认识的深度和广度。对于学生来说，思维的逻辑性与其学习成绩有很大关系，因为它关系到我们的判断、推理以及综合分析的能力。因此，培养一个人思维的逻辑性是促进其智慧发展的关键。

那如何才能提高我们思维的逻辑性呢？阅读侦探推理故事是一个非常简单而有效的办法。如此一来，不仅可以享受阅读的乐趣，还能在这些非常有趣的故事中挑战思维极限，提高思维的灵活性、深刻性和逻辑性。有趣严密的侦探推理故事能够充实人的心灵，改变人的行为方式和思考方法，使其从平庸的人群中脱颖而出，步入杰出人士的行列。

我们还可以扮演刑警和侦探的角色，在张弛有度的气氛中，面对一个个充满悬疑而又有趣的案件、一个个引人思考的问题，亲身体会发现线索的乐趣和揭开真相的快感。

本书收录了数百个经典、有趣的侦探推理游戏，在满足孩子们旺盛的好奇心的同时，还能提高孩子的观察力、分析力和判断力。

此外，这些简短精彩的侦探推理游戏，可以激发孩子探究的欲望，拓展他们的思维。你可以运筹帷幄、抽丝剥茧、去伪存真，最终洞察一切。

如果你认真看完本书中的游戏，就可以冲破思维定式，学会从不同角度去思考问题，掌握更科学的思维方式和方法，即使参加世界 500 强企业的面试，或者报考公务员、MBA 等，都能帮你提升应对能力。

阅读侦探推理游戏，突破你的思维瓶颈，激发你的推理潜能，引发你的思维风暴，提高你的分析力、挑战力、创造力和想象力，让你在游戏中越玩越聪明。

成为一名合格侦探的必备条件如下。

1. 对任何小问题都持有好奇心。

2. 能够随机应变，随时准备好应对外界的一切变化。

3. 要熟知心理学，尤其是犯罪心理学。

4. 要具备法医学、鉴识科学等知识基础。

5. 具有敏锐的反射神经。若不能掌握住稍纵即逝的时机，犯人就逃走了。

6. 与其会说话倒不如会听话。从别人的证词中发现线索。

7. 即使是从未见过面的人，也能在第一次见面后就记住他的长相。

8. 具有敏锐的观察力。勘测现场，寻找证据。

9. 具有超强的推理能力。将零碎的信息合理地拼接组合推理出符合事实的过程。

10. 不用主观的意见来判断事情。只有具备了证据的事实才是真实的。

你所具备的条件越多，就越适合做一名侦探！

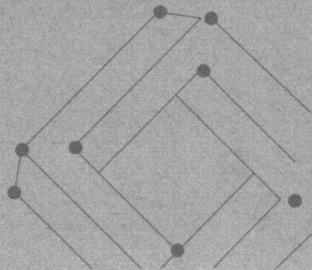

目录

第一章

唯一的真相

"真相（永远）只有一个。"这是日本动漫《名侦探柯南》中的主角柯南常说的一句话。柯南智商极高，心思细腻，他凭借细致入微的观察能力和缜密严谨的逻辑推理能力，可以发现别人发现不了的细节，看透别人看不透的秘密，进而找出案件唯一的真相。

对于一个案件来讲，真相是什么？

真相就是案件发生的当时当地真实地发生过的与案件有关的一切。这一切都是客观发生过的事情，当然是确定的、唯一的。

而对于查案的人来说，除非亲身经历过，后来发现的一切，都是根据遗留下来的各种证据、线索等，运用缜密严谨的逻辑思维能力推理出来的。任何一个细节、任何一个环节出现差错，都会使我们推理出来的结果与客观发生的真相发生偏离。失之毫厘，往往会谬以千里。即使是最聪明、最有经验的查案人员，也只能通过细致入微的观察，获得尽可能多的线索和有效证据，通过缜密的逻辑思维将所有线索连接成一个闭环，进而无限接近埋藏起来的唯一的真相。

每一个案件的真相都只有一个，除去所有不可能，那么剩下的即使再荒谬，那也一定是真相。

现实中的案件，分辨有效信息是最困难的。很多时候往往并不是因为线索太少，而是太多。哪些信息是有用的，哪些信息是误导性的，哪些信息是无关的，都需要我们去辨别、筛选，去伪存真，运用超强的逻辑思维能力，努力还原过去某个时间节点上的"真相"。

我们相信，真相只有一个，即使隐蔽得再深、再巧妙，也一定会留下蛛丝马迹，可以被人发现。朋友们，运用你的智慧去发掘这"唯一的真相"吧！

1. 有贼闯入

初级　　难度星级：☆☆☆☆★　　知识点：关于闹钟的常识

一天晚上，有个小偷闯入了侦探小五郎的家中，想要偷取他放在保险箱中的一份重要资料。小偷先用万能钥匙轻松地打开房门，然后打开灯，四处寻找保险箱的位置，终于在墙角一扇隐蔽的柜门后面发现了保险箱。正在他努力开保险箱的时候，突然听到有人开门的声音。小偷眼疾手快，关掉电灯，自己躲在了衣柜里，整个过程没有发出一点声音。

原来是小五郎回到了家中，只听小五郎打开灯，大声地说："出来吧，我知道你在里面。"

小偷一看事情已经败露，只好快快地走了出来。他不免好奇地问："你是怎么知道我在里面的呢？我没有留下什么痕迹，也没有发出声响啊！"

"哈哈，是那个闹钟告诉我的！"小五郎说着，用手指了指床头柜上的一只闹钟。小偷这才恍然大悟。

请问，你知道那只闹钟是如何告诉小五郎有贼闯入的吗？

2. 失恋者的报复

中级　　难度星级：☆☆☆★★　　知识点：设置机关

男孩为了金钱和地位，抛弃了相恋多年的女孩，投入了别人的怀抱。就在结婚的前一天中午时分，女孩来到独自居住的男孩家中："听说你明天就要结婚了，恭喜你！毕竟我们相恋一场，这是我送给你的最后一份礼物。"说着拿出了一个圆形的迷你金鱼缸，摆放在窗前的书桌上。

"我知道你喜欢金鱼，希望你看到它，还可以想起我！"女孩接着说，"另外，还有这些年你给我写的信，我也都带来了，放在我那也没什么用处，你自行处置吧。"说完将一厚摞信纸散放在书桌上。

男孩默默地点了点头。

"好了，我该走了，临走前我们喝一杯告别酒吧！"女孩指了指书桌上的两个杯子，建议道。

男孩没有说话，默默地去酒柜拿来一瓶红酒，倒满了两个杯子。两人碰了一下杯，一饮而尽。喝完，女孩转身离开了，没有再说一句话。

女孩走后不久，男孩觉得有些困，就躺在沙发上睡了起来。

1个多小时以后，男孩的房间突然起火，火越烧越大，等消防队员扑灭大火时，男孩已经被烧死了。警察在男孩体内发现了安眠药的成分。当然女孩的嫌疑最大，可是你知道女孩到底是如何做到的吗？

3. 开花的郁金香

中级　　难度星级：☆☆★★★　　知识点：植物的特性

一天夜里，怪盗潜入一间珠宝展示厅，趁乱偷走了展示的一条价值连城的钻石项链。得手之后，怪盗马上溜回了自己的住所，摘掉化装用的假发和胡须，换上睡衣，坐在沙发上。他刚松了一口气，门铃就响了。

来人正是侦探小五郎。"晚上好，抱歉这么晚还来打扰你！"

"别客气，我们是老相识了，进来坐。"怪盗热情地把这位不速之客引入屋内。

只见沙发前的茶几上放着一盆含苞待放的郁金香，"你的花好漂亮啊！"小五郎称赞道。

"谢谢，郁金香是我最喜欢的花。"怪盗说道。

"刚才你去珠宝展示厅了吧！"小五郎岔开话题，开门见山地问道。

"没有啊。今晚我一直待在家里。你来之前，我一直都在沙发上安静地看书。"怪盗说着，指了指身边扣着的一本厚厚的书。

小五郎拿起书，翻了几页，放在茶几上，这时，他突然发现刚才进来时还含苞待放的郁金香，竟然不知不觉中开花了。

小五郎盯着盛开的花瓣，微笑着说："别狡辩了，你还是招了吧。它已经出卖你了。快把你偷的钻石项链交出来吧！"

请问小五郎先生是如何识破怪盗的谎言的呢？

4. 分辨凶器

中级　　难度星级：☆☆★★★　　知识点：动物的常识

一天夜里，一对年轻情侣在公园约会，说着说着，便吵了起来，男子一气之下拿起刚喝了几口的玻璃汽水瓶砸向了女朋友的脑袋。女朋友什么话也没说，就倒在地上死了。男子很惊慌，不小心将瓶里的汽水洒在了女朋友的衣服上。为了消灭证据，男子带走了这只作为凶器的汽水瓶，然后从旁边的垃圾堆里捡了另外一只汽水瓶扔到了尸体旁边。然后男子偷偷逃走了。

不久，尸体就被人发现了并报了警。警察调查现场时发现，女子身上有一部分爬满了蚂蚁，断定是凶器汽水瓶中的汽水的甜味引来的。可是，一名经验丰富的警察看了一眼尸体旁边的汽水瓶上的标签，就断定说："如果凶器真的是汽水瓶，那也不是这一只。真正的凶器被凶手带走了。"

你知道警察为什么这么说吗？他的依据是什么？

5. 亲生子

初级　　难度星级：☆☆☆☆★　　知识点：血型

有一个亿万富翁，他年事已高，弥留之际，想找到失踪多年的儿子继承自己的财产。这时有人称自己是富翁的儿子，警察询问此人的血型，回答是 B 型。已知富翁和他的妻子都是 A 型血。这个男子可能是富翁的亲生儿子吗？

6. 怪盗的指纹

中级　　难度星级：☆☆★★★　　知识点：指纹

怪盗从阳台钻进公寓的 208 室，盗走了主人的钻石项链。警察经过现场勘查，发现了一枚清晰的指纹。从案发时间推断，嫌疑人一定是住在公寓的。可是警察提取了这栋公寓所有住客的指纹，却没有一个和现场留下的指纹吻合的。无意中，一名警察在一位住客的屋子里发现了什么："原来罪犯在这！只有它的指纹忘记取了。"

那么，你知道怪盗是谁吗？

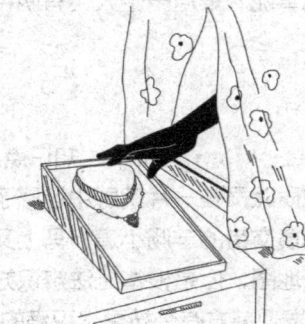

7. 致命的位置

中级　　难度星级：☆☆☆★★　　　知识点：生理结构

一天，120 接到电话，称一名女子被刺伤，生命垂危。因为是刑事案件，警察很快也赶到了医院。只见一名年轻女子被刺伤，她的左胸前，心脏的位置插着一把尖刀，流了很多血。按理说，这个位置被刺伤早就应该死掉了，可这名女子除了有些虚弱外，似乎并不是很严重。

医生解释道："这是因为这名女子比较特殊，否则早就没命了。"你知道为什么这名女子没有死吗？

8. 两种血型

中级　　难度星级：☆☆★★★　　　知识点：血型

一天晚上，一名年轻男子在过马路的时候不小心被车撞倒，肇事司机惊慌失措，逃离了现场。由于没有得到及时的救治，被撞的男子不久后死了。警察赶往现场调查这起恶性交通事故。在现场，除了发现一具尸体外，还采到了两种血型：一种是 A 型，一种是 O 型。难道是肇事司机的？或者撞到的不止一人？但据目击者称，司机根本没有受伤，甚至都没有下车，而被撞的也确实只有一人！

这到底是怎么回事呢？难道一个人会有两种不同的血型吗？这可能吗？

9. 辨别方向（1）

中级　　难度星级：☆☆☆★★　　　知识点：辨别方向

一名年轻的女地质队员在一片荒野中迷路了。这是一片茂密的草原，上面有一些纵横交错的羊肠小道。马上又要下雨了，天空阴云密布。她只有一张地图，但是根本无法辨识方向，不知道该往哪个方向走。突然，她发现前方有个被雨水积满的小水坑，她笑了笑，看了看自己身上的衣服，立即取下自己头上的一只小别针。

很快，她就弄清楚了东南西北，走出了这片荒野。

你知道她是如何做到的吗？

10. 辨别方向（2）

中级 难度星级：☆☆☆★★ 知识点：辨别方向

一天，几名地质队员在一片亚热带丛林中探索。其中一名队员由于受伤掉队了。走了很久，他发现自己迷路了，而他的指南针、地图等东西都在其他队员身上。他要赶上队伍，就必须知道方向，可是现在是阴天，根本无法根据太阳的位置分辨南北。周围到处都是高大的树木、低矮的灌木，还有被砍伐的树桩。这名经验丰富的队员马上找到了一种可以分辨南北的方法。

你知道他用的是什么方法吗？

11. 消失的子弹

高级 难度星级：☆★★★★ 知识点：特殊道具

冬天的一个早晨，警察在一条小巷子里发现了一具尸体。调查得知，死者是一名黑帮头目，被人枪杀。伤口在他的左胸心脏位置，大约10厘米深。但是奇怪的是竟然没有发现弹头！

调查还发现，死者一直与敌对的另一个黑帮有很深的矛盾，一定是敌对的黑帮组织雇佣职业杀手将其杀死。

奇怪的是，那个子弹头到底去哪里了呢？它为什么消失了？

12. 馆长之死

中级 难度星级：☆☆☆★★ 知识点：设置机关

市天文馆的馆长死在了自己的办公室中，警察接到报案后马上来到现场调查。只见馆长伏在写字台上死去，背后被刺了一刀，流了很多血。发现尸体的时候是下午 4 点，死者手中还夹着一根点燃的雪茄，前端的烟灰有 1 厘米多长。根据烟灰的长度判断，这根雪茄点燃的时间大约是在 10 分钟前。

馆长的办公室位于这栋大楼的顶层，景观很好，窗口放着一架天体望远镜，正对着西南方向，很适合夜晚观察星空。馆长的写字台很整洁，上面除了一台电脑和一个烟灰缸，别无他物。

法医的判断是死者死亡时间在下午 1 点左右。也就是说，死者在下午 1 点左右被杀，而在下午 3 点 50 分左右，凶手又点燃了死者手中的雪茄，然后才逃走。这可能吗？凶手为什么会停留这么久？如果不是凶手做的，那雪茄是谁点燃的呢？

13. 奇怪的火灾

中级　　难度星级：☆☆★★★　　知识点：设置机关

一位花草爱好者在自家的院子里建了一个塑料大棚，专门培植各种珍稀花草。在一个晴朗的冬天中午，大棚里突然发生了火灾，这些珍稀花草被付之一炬。

从火灾现场来看，是大棚内的枯草引起的火灾。可是棚内又没有火源，枯草是怎么烧起来的呢？难道是有人纵火？昨晚刚下过一场雨，外面湿漉漉的，如果有人进入大棚，应该会留下脚印才对。可周围一点痕迹都没有。

你知道这场火灾究竟是怎么引起的吗？

14. 爆炸声

中级　　难度星级：☆☆★★★　　知识点：物理常识

一艘豪华客轮在太平洋上航行，不幸触礁沉没，造成多人死亡。警察前来调查事件经过。一位幸存者向警察讲述说："轮船触礁后开始慢慢倾斜，我们随即登上一艘救生艇离开现场，开往安全区域。大概过了四十分钟，突然'轰'的一声，发生了爆炸，远远地可以看到客轮开始沉没。"

之后，警察又询问了好几位救生艇上的幸存者，他们对事件的描述都差不多，听到一声爆炸声后，轮船开始沉没。

就在警察决定结束调查时，另外一位逃生的游客说了一番与众不同的话："轮船触礁后，开始倾斜。我看救生艇比较小，而我自己又善于游泳，便没有登上救生艇，而是一个人跳入水中游向安全区域。我一会仰泳、一会蛙泳，大概用了四十分钟的时间，突然听到一声爆炸声。我赶紧钻出水面回头向轮船看去，没过几秒钟，又发生了一次爆炸……"

"你确定你听到两声爆炸声？"警察颇为怀疑地问。

"是的，我确定。那么大的声音，我相信其他人也应该听得到的。"游客如是说道。

请问，到底发生了几次爆炸呢？为什么有人听到一声爆炸声，又有人听到两声爆炸声呢？

15. 离奇的毒杀案

中级　　难度星级：☆☆★★★　　知识点：设计机关

晚饭后，史密斯先生和史密斯太太像往常一样吃水果。今天的餐后水果是苹果，女佣马上去厨房拿来一把刀，当着两人的面从中间将苹果切开。史密斯夫妇一人一半吃起了苹果。没吃几口，史密斯太太就开始口吐白沫，死掉了，而史密斯先生却没事。报警后，法医鉴定后说史密斯太太死于氰化物中毒，并在史密斯太太胃里的苹果残渣中发现了毒药。

可是史密斯夫妇同时吃的同一个苹果，为什么史密斯太太死了，而史密斯先生却没事呢？

请问，凶手到底是怎么做到的呢？

16. 凶手就是你

中级　　难度星级：☆☆★★★　　知识点：发现漏洞

一天夜里，侦探小五郎正在睡觉，被一阵敲门声惊醒。打开门一看，正是楼下邻居马丁教授的外甥汤姆。汤姆一脸惊慌地对小五郎说："今天舅舅找我过来商量事情，可刚才我去的时候，敲了好久的门却没人开。我担心舅舅出事了，而我一个人又不敢进去。您可否跟我一起去看看。"

"你怎么知道你舅舅会出事？"小五郎一边穿好衣服，一边问道。

"你也知道，我舅舅最近中了 300 万元的大奖，很多人都盯着这笔钱呢！"汤姆解释说。

不一会儿，两人来到马丁教授的门前。小五郎试了试，门被锁上了。敲了几次门，里面也没有任何动静。二人合力将门撞开，屋里漆黑一片，什么都看不见。小五郎试着去开门口过道边的灯，可是没有亮。汤姆说："灯可能坏掉了，里面还有一盏台灯，我去开。"说着走到里面，顺利地打开了台灯。屋子被照亮后，马丁教授赫然被发现就躺在离门口不远的过道上，死了。

汤姆惊恐地说道："天啊，这是谁干的？"

两人检查了一下尸体，发现人已死去多时了，旁边角落里的保险柜门打开着，里面空空如也。看上去就像是劫杀案一样。

小五郎看了看过道中间横躺着的尸体和对面站着的惊恐万分的汤姆，冷笑一声说道："别演戏了，凶手就是你！"

你知道小五郎是如何判断的吗？

17. 消失的新郎

高级　　难度星级：☆★★★★　　知识点：发现细节

汤姆和莉亚一见钟情，才认识不到一个星期，便闪电般地结了婚。莉亚接受了汤姆的建议，决定乘坐最近一班豪华游轮去度蜜月。两人登上游轮，两名身穿制服的水手热情地接待了莉亚。汤姆似乎乘坐过这艘游轮，对船上的地形比较熟悉，分开混杂的人群，带着莉亚来到一间标有"A37"的客舱，并安顿了下来。很快，船就驶出了码头。

"船上人员比较复杂，如果你带了什么贵重物品的话最好还是寄存到事务长那里。"汤姆向莉亚建议道。

"带了2万美元，我的全部家当。"说完，莉亚将装有美元的手提箱交给了汤姆，请他去事务长那里寄存。

等了好久也不见丈夫汤姆回来，莉亚只好出去寻找，可是找了半天依然没有找到，而且还迷路了，连自己的房间都找不到了，莉亚只好询问侍者。

"A37 号房？您确认没有记错？我们这里最大到 30 号，从来没有 A37 号啊！"侍者回答道。接着，侍者又查看了接待簿，上面登记的是 A23 号房，而且只有她一个人的名字。又询问了事务长，也没有寄存 2 万美元的记录。

"咦！我的丈夫哪里去了？"莉亚又想起了上船时接待自己的水手，他们应该记得自己的丈夫，便向他们询问。"我记得很清楚，您是我们最后一名乘客，上船的时候您身边没有其他乘客啊！"两位水手十分肯定地回答道。

莉亚一下子蒙了，这到底是怎么回事？新郎怎么就消失了呢？

18.　门口的烟头

中级　　难度星级：☆☆☆★★　　知识点：发现细节

著名的美女画家苏珊被杀了。侦探小五郎赶到现场调查，发现除了在画家家门口的地上有一支才吸了几口的烟头外，没有其他任何线索。

法医鉴定，死亡时间大概是前一天 22 点到 24 点。这个时间段可能的作案者只有两人：一个是被害者的情人，他与被害者关系密切，可最近不知为何经常争吵；另一个是推销员，他喜欢死者，追求多次却遭到死者拒绝。

而且，两人都吸这个牌子的香烟。看来只能将烟头带回去验一下 DNA 了。

小五郎突然眼睛一亮，对众人说："凶手一定是那个推销员！"你知道他是如何推断出来的吗？

19.　隐藏的证据

中级　　难度星级：☆☆★★★　　知识点：发现细节

冬天的夜里，小偷潜入一位富翁家中盗走了大量财物。当天夜里，下起了今年的第一场雪，一直下到了后半夜，路上积了厚厚一层雪，掩盖了所有的证据。

第二天一早，富翁醒来后发现家中被盗，立即报了警。警察经过调查，发现附近一名单身男子有重大嫌疑，于是到男子家中调查。

"昨天 20 点到 22 点的时候，你在干什么？"警察盘问道。

"我这几天去外地出差了，今天早上才回来的。"男子答道。

警察看了看男子房屋窗台上的几道冰溜子，厉声喝道："你在撒谎，快交代你把赃物藏在哪里了！"

请问，警察是怎么知道男子撒谎的呢？

20. 抛尸现场

中级　　难度星级：☆☆☆★★　　知识点：发现细节

有人报案说在海边发现了一具用防水袋装着的尸体，警察立即赶到现场调查，发现这片海滩鲜有人至，现场遗留的痕迹几乎没有被破坏。很明显是有人杀死人之后，将尸体用防水袋装起来，抛尸至此。现场没有可疑的脚印，只有一道轮胎痕迹。

有经验的警察马上断定，这是有人用厢式汽车把尸体运过来抛尸的，绝对不是普通的小轿车。根据这条线索，很快警察就破了此案。请问，警察为何断定是厢式汽车运尸体的呢？

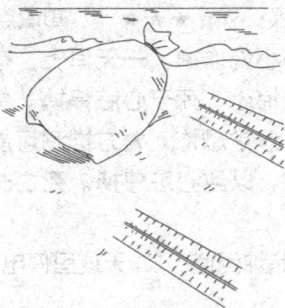

21. 奇怪的委托人

中级　　难度星级：☆☆★★★　　　知识点：唯一合理的解释

一天，警长在另外一座城市遇到了一位认识的侦探，两人攀谈起来："事务所的工作不忙吗？还有时间出来旅游？"侦探挠挠脑袋说："我现在就在工作啊！前几天刚接到一个奇怪的委托，让我跟踪一位女孩子，只需记录每天的行踪即可，却给了我一笔不菲的酬金。而我在跟踪这个女孩子的时候，发现她来到这座城市旅游，每天不是观光，就是逛街，再正常不过了。"

"这么奇怪，那委托人想让你调查她什么呢？"警长问道。

"是啊！我也觉得奇怪，所以我就和那个女孩子攀谈起来，她告诉我是一个男子给她钱，让她出来旅游的。而且那个免费赞助她旅游的男子竟然与我的委托人是同一个！这让我很费解。"侦探说道。

"亏你还是侦探呢，这点小伎俩你都没有识破！"警长一听大笑起来。

侦探似乎也想到了什么，连忙起身准备离去："哦，糟了。我得走了，改天再请你喝咖啡吧。"

你知道这位委托人的真正目的是什么吗？

22. 作家之死

中级　　难度星级：☆☆★★★　　　知识点：矛盾的现场

迈克是一位恐怖小说作家。一天早上，有人发现他死在了自己的书房里。他面目惊恐，死于心脏停搏。桌上有半截蜡烛和一叠他写的小说，内容非常恐怖。警方推测可能是他太沉迷于小说情节，精神过度紧张，以致心脏停搏。死亡时间大概在前天晚上12点。

警长指着那半截蜡烛问道："昨天这里停电了吗？"有知情人回

答说："那是作家的写作习惯，他写作时不喜欢点灯，而是喜欢在烛光下写恐怖小说，他觉得那样更有氛围，更有创作灵感。"

警长若有所思，然后一口断定："这不是意外死亡，是凶手用什么特殊手法让其心脏停搏，而伪装成意外死亡的样子！"

你知道警长是根据什么断定的吗？

23. 并非自杀

中级　　难度星级：☆☆☆★★　　　知识点：矛盾的现场

一位公司领导报案称，自己一名下属没有请假却三天没来上班了，可能出了什么意外。警察来到该职员的家中，敲门没有任何回应。于是警察撞门而入，发现屋子里满是煤气的味道，煤气的阀门打开着，窗子上的缝隙都用透明胶带封了起来，上面没有任何指纹；那名职员躺在床上，已经死了，床头还放着一个空的安眠药瓶子。看起来像是决心自杀。

但是警察马上判断这不是自杀，而是有人布置的假现场。你知道这是为什么吗？

24. 惨案发生在什么时间

中级　　难度星级：☆☆☆★★　　　知识点：数学计算

一天夜里，邻居听到一声惨烈的尖叫。早上醒来发现原来昨晚的尖叫是受害者的最后一声。负责调查的警察向邻居们了解案件发生的确切时间。一位邻居说是 12:08，另一位老太太说是 11:40，对面杂货店的老板说他清楚地记得是 12:15，还有一位绅士说是 11:53。但这四个人的表都不准确，在这些表里，一个慢 25 分钟，一个快 10 分钟，还有一个快 3 分钟，最后一个慢 12 分钟。你能帮警察确定作案时间吗？

25. 通缉犯的公告

初级　　难度星级：☆☆☆☆★　　　知识点：发现细节

某地区的警察张贴了一张通缉一年前发生的抢劫案犯的公告，上面有通缉犯的照片，以及身高、年龄等资料。有一个人看了看公告，却说："这里面有一个信息是错误的。"这个人完全不认识通缉犯，但是他怎么知道有一个信息是错误的呢？这个错误信息又是什么呢？

26. 一声枪响

中级　　难度星级：☆☆☆★★　　　知识点：矛盾的现场

警察正在巡逻的时候，忽然听到一声枪响，然后看到不远处一个老人正跌向房门。警察马上跑了过去，发现老人背部中弹，已经死去。

周围环境空旷，警察在附近只找到了两名目击者，且他们距离老人都在五六十米左右。甲说："我看到老人刚要锁门，枪响后，他应声倒地。"乙说："我听到枪声后不知道发生了什么事，就跑过来看看。"

警察听了两个人的话后，立即拘捕了其中的一个人。

你知道拘捕的是哪一个吗？

27. 屈打成招

中级　　难度星级：☆☆☆★★　　知识点：发现细节

四月的一天晚上，外面下着小雨，独居的寡妇胡三娘在家中被杀。接到报案后，衙役赶到犯罪现场，在胡三娘家门前的院子里发现一把扇子，上面的题词显示是李四送给张三的。

李四不知道是谁，但张三大家都认识，就是住在前街的一个小混混，平时言行举止就很有问题，大家都认为人一定是他杀的。很快，衙役把张三带到公堂之上。一番严刑拷打之后，张三承认了杀人。

案子就这样定了。一位看热闹的村民却摇了摇头说："这一定是屈打成招。"

你知道他为什么这么说吗？

28. 谁是小偷

中级　　难度星级：☆☆☆★★　　知识点：矛盾的现场

一天，李经理乘坐普通火车从北京出发去广州办事。他乘坐的卧铺车厢里的其他三人分别去往郑州、长沙和武汉。

列车运行到石家庄站的时候，停车15分钟，四人均离开了自己的铺位。列车重新启动前，李经理回到铺位，却发现自己的手提包不见了。他急忙去报告乘警，乘警调查了其他三位乘客。

去郑州的乘客说，停车时他下去买了些早点；去长沙的乘客说，他到车上的厕所方便去了；去武汉的乘客说，他去另一节车厢看望同行的朋友了。听完他们的叙述，乘警认定去长沙的人偷了李经理的提包。

你知道为什么吗？

29. 怀疑的对象

中级　　难度星级：☆☆★★★　　知识点：发现细节

哈莱金接过一份报告，看了一会儿，对警长说："根据验尸报告，特里德太太是两天前在她的厨房中被人用木棒打死的。这位孤独的老妪多年来一直住在某山顶破落的庄园里，与外界几乎隔绝。你想这是什么性质的谋杀呢？"

"哦，我昨天凌晨 4 点钟就接到一个匿名电话，报告她被人谋杀了，我以为是一个恶作剧，直至今天还没有着手调查。"警长莫纳汉尴尬地说道。

"那么我们现在去现场看看吧。"哈莱金提议。警长将哈莱金引到庄园的前廊，说："老太太连电话都很少打。除了一个送奶工和邮差是这里的常客之外，唯一的来客就是每周一次送食品杂货的男孩子。"

哈莱金紧盯着放在前廊里的两摞报纸和一只空奶瓶，然后坐在一张摇椅上问："谁最后见到特里德太太？"

"也许是卡森太太，"警长说，"据她讲，前天早晨她开车经过时还看见老太太在前廊取牛奶呢。"

哈莱金道："凶手实在没料到你会拖延这么久才开始侦破！这回我们有怀疑对象了。"

请问哈莱金怀疑谁是凶手？

30. 职业小偷

中级　　难度星级：☆☆☆★★　　知识点：先后顺序

小李是一个从未失过手的职业小偷。某一天，他溜到公交车上去作案。他先偷了一位西装革履的男子的钱包，该男子下车后小李又接连偷了一位中年女子和一位白发苍苍的老太太的钱包。他兴高采烈地下了车，躲进角落里清点刚才的战果，突然发现三个钱包里总共不过 600 元，接着他又叫骂起来，原来他自己的钱包也被人偷走了，那里面装着 5000 多元啊！不过最让他生气的是，居然被人耍了一把：那个偷他钱包的人还在他的口袋里塞了一张纸条，上面写着："让你尝尝我的厉害，也不看看你偷的是谁！"大家猜猜看，那三个人中，究竟是谁偷了小李的钱包呢？

31. 隐藏的嫌犯

　　中级　　难度星级：☆☆☆★★　　知识点：发现细节

　　一个冬天的深夜，侦探阿飞在路上走着，突然发现一个人影从一家珠宝店里窜了出来，紧接着后面追出两个人，一边追一边喊："抢劫了！"阿飞也朝黑影追了过去。

　　追了好长一段路，只见黑影钻进了一个地铁站，阿飞气喘吁吁地跟着跑了进去，发现里面只有 7 个人，体形和刚才的罪犯都比较相近。

　　其中有两个人像是夫妻，正在小声地说着什么；第三个人一边等车一边看书；第四个人头上盖着一张报纸躺在椅子上休息；第五个人坐在座位上冻得发抖，并不停地搓手；第六个人在一个角落里原地跑步取暖；第七个人则望着地铁来的方向，焦急地等着。

　　地铁没有别的出口，那么哪个人会是抢劫犯呢？

32. 吓人的古墓

　　中级　　难度星级：☆☆☆★★　　知识点：常识

　　一位考古专家在荒凉的深山中发现了一座神秘的古墓。通过考证，他确认里面埋葬着一千多年前的一位富可敌国的王侯，陪葬品毫无疑问会价值连城。墓道里设有重重精巧的机关，进入者稍微不留神就会葬身于此。

那位考古专家费尽千辛万苦终于拆除了所有机关。然而，当他推开主墓室的门时，眼前的景象却吓得他魂飞魄散：在棺木的上方吊着很多熄灭的灯，有一盏竟然还燃烧着，并且投射出幽幽的光芒。这位经验丰富的考古专家从来没有见过能燃烧一千多年的灯，惊骇之余转身便逃，再也不敢回到墓中。

仅仅几天之后，另外几位考古学家得知消息，也赶到了这里，却没发现那盏燃烧的灯，他们顺利地取出了文物。

你知道这是怎么回事吗？

33. 习惯标准

中级　　难度星级：☆☆☆★★　　知识点：矛盾的现场

晚饭后，母亲和儿子一块儿洗碗盘，父亲和女儿在客厅看电视。

突然，厨房里传来打破盘子的响声，然后一片沉寂。

女儿望着父亲，说道："一定是妈妈打破的。"

父亲："你怎么知道？"

你知道女儿是怎么知道的吗？

34. 破绽在哪儿

中级　　难度星级：☆☆☆★★　　知识点：发现细节

李四是个收藏家，家里收藏了许多价值连城的字画古玩。一天，李四要出远门，就拜托邻居帮助照看一下家里。当天夜里，邻居就报警说有人把李四的家洗劫一空。警察来到案发现场，发现李四的屋子里有翻动的痕迹，还丢失了几件非常值钱的艺术品。邻居录口供时介绍了当时的情景："我受李四的委托帮他照看屋子，突然从他家窗户发现他家里有光亮，就赶紧跑过去看。当时外面下着雪，窗户上结了一层冰，我赶忙呼了几口热气把冰融化，才看到屋子里有个黑影在翻找东西。于是我就冲过去阻拦，没想到还是被他逃跑了……"

警察打断他的话，说："其实一切都是你一个人做的，对不对？"你知道邻居的破绽在哪儿吗？

35. 有经验的警察

中级　　难度星级：☆☆★★★　　知识点：发现细节

张先生一家人出去旅游，回来的时候发现家中被盗。现场所有柜子和桌子的竖排抽屉都是开着的，值钱的东西全部被偷走了。一个很有经验的警察查看了一下现场之后，便说这个小偷一定是个惯偷！

你知道警察为什么这么说吗？

36. 画窃贼

中级　　难度星级：☆☆☆★★　　知识点：常识

一天下午，小明肚子痛提前回家了。家里只有他一个人，休息了一会儿感觉好些了。正在这时，他听到门外有响动。透过猫眼一看，是一个陌生男子，正在撬他家的门。小明很害怕，忙躲在了床下。

不一会，男子进了屋，偷走一些财物后离开了。

这时，小明才敢爬出来，并报了警。

警察问小明是否记得窃贼长相。小明说从猫眼里看到了，并画了出来。

过了不久，警察就抓到了窃贼，可是怎么和小明画得不一样呢？这是为什么？

37. 露出马脚

中级　　难度星级：☆☆☆★★　　知识点：发现漏洞

一名盗贼打听到海边有间独栋别墅的富翁主人去度假了，要1个月后才回来。所以他就打算去富翁的别墅"参观参观"。这天夜里外面下起了大雪，盗贼偷偷潜入别墅，撬开房门走进屋里。他没有开灯，怕引起巡警的注意，直接跑到富翁的床上美美地睡了一觉。第二天早上醒来，肚子有点饿，他打开冰箱发现里面有很多好吃的，就拿出了一只火鸡，点燃壁炉，一边取暖一边烤火鸡。可没过多久就听见门铃响，原来是两个巡警。

你知道他为什么引起了巡警的注意吗？

38. 诈骗

中级　　难度星级：☆☆★★★　　知识点：发现漏洞

一天夜里，大侦探福尔摩斯办完事开车回家。在一个路口，遇到一名年轻女子挥手想搭车，福尔摩斯就让她上来了。车向前开了没多远，后面有辆车跟了上来，亮起刺眼的前灯。

女子回头看了一下，马上惊慌失措地对福尔摩斯说："不好了，那是我丈夫，他是个亡命之徒，知道你载着我肯定以为咱俩有私情，会杀了我们的。"

"是吗？那我们怎么办？"福尔摩斯假装害怕地说道。

"他见钱眼开，你给他点儿钱就可以了。"

"我看得给你一副手铐！你们用这种方式骗了不少钱了吧！"

福尔摩斯是怎么识破他们的呢？

39. 谜团

初级　　难度星级：☆☆☆☆★　　知识点：转变思维

有一位很厉害的律师，喜欢帮人打离婚官司，每次都会站在女方一边，尽可能多为她们争取赡养费。所以有很多打算离婚的女子找这位律师帮忙。

一次，这位律师自己也要离婚。律师一如既往地站在了女方一边，为妻子争得了巨额赡养费。

你知道这是为什么吗？

40. 消失了的凶器

中级　　难度星级：☆☆☆★★　　知识点：唯一合理的解释

在一所大学体育馆的女子淋浴室，有位裸体女学生被杀，是被人用细绳勒死的。可是现场只有毛巾、浴巾，没有发现任何类似绳子的东西。案发当时，另一位女大学生也在场淋浴，因此她的嫌疑很大，可是她的同学都清楚地看到，她也是赤裸着从淋浴室里走出来的，毛巾、浴巾太粗，根本无法形成脖子上的细细的勒痕。在所有的下水道、排水口等处也没有转移凶器的迹象。

刑警们看了现场勘察结果，都觉得很奇怪，这个消失了的凶器至关重要，它究竟哪里去了呢？

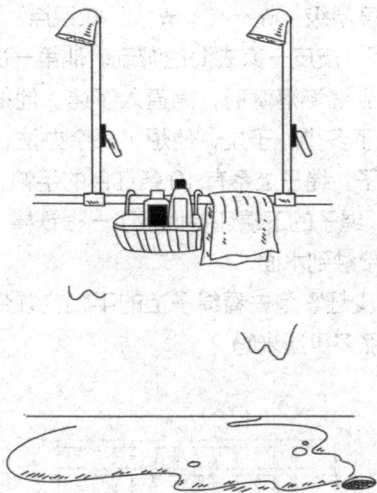

41. 第二枪

中级 难度星级：☆☆☆★★ 知识点：生理常识

大楼的一间公寓里突然传出枪声，管理员赶来看时，房间从里面锁着，打不开。

他正要用备用钥匙时，里面又传出枪声，子弹穿过门，差一点射中管理员。

管理员胆战心惊地打开门，看到一男子右手握枪，伏在桌上，已经死亡。

男子额头中弹，现场有遗书，证实这是一起自杀，问题是额头中弹会立即死亡，自杀者怎么有可能再开第二枪呢？

究竟是谁开的第二枪？

42. 潮涨潮落

初级　　难度星级：☆☆☆☆★　　知识点：物理常识

"五一"期间，皮皮一家去海边游玩。他第一次看到海，充满了好奇，特别是看到涨潮落潮时，简直入了迷。他很想知道，涨潮时每小时海水上涨了多少。于是，他想了一个办法，在大游轮的船舷边上放下一条绳子，绳子上系有10条红色的手帕，每两条相邻的手帕相隔20厘米，绳子的下端还特地系了一根铁棒。放下时，正好最下面的一条手帕接触到水面。

涨潮了，皮皮赶紧跑去看绳子上的手帕，并带上表计时。他能测出潮水每小时涨多少厘米吗？

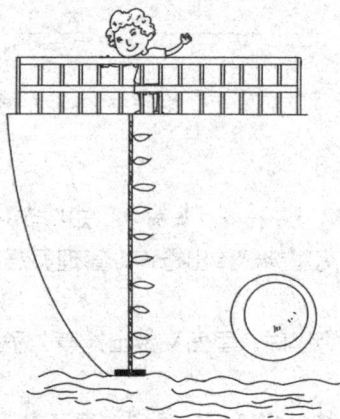

43. 盲人的"眼睛"

中级　　难度星级：☆☆☆★★　　知识点：辨别方向

维特是著名的盲人音乐家，有很多人找他演出，因此赚了不少钱。他住在纽约郊区一间富人别墅中。一天晚上，维特正在卧室休息，就听见外面客厅中有动静。他想肯定是小偷，于是拿出抽屉里防身用的手枪走出了卧室。小偷知道维特是个盲人，听力一定特别好，就马上停下来不动，想逃过一劫。没想到"乒"的一声枪响，小偷还是被维特打中了右腿，趴在大座钟上无法动弹。

小偷没有制造任何声响，盲人维特是怎么击中小偷的呢？

44. 疏忽

中级　　难度星级：☆☆☆★★　　知识点：发现漏洞

张三和李四是好朋友，一天夜晚，李四在张三家喝酒，由于太晚了，就打算住在张三家中。可是在洗澡的时候，李四突然心脏病发作，死在了浴缸里。张三不敢报警，怕警方怀疑，就在第二天早上刚天亮的时候偷偷把李四运到他的单身公寓里，依然放在浴缸里，灌满温水，并把他的衣服、鞋子之类的东西放在相应的地方，最后消除自己的痕迹，悄悄离开了。

当天下午，李四的尸体被同事发现了，并报了警。法医鉴定后说："死因是心脏病突发，自然死亡。死亡时间是昨晚11点左右。"

警察环视四周，沉思片刻后说："这个浴室不是第一现场，应该是谁怕麻烦后运到这里来的。"

张三疏忽了什么，使警察能够确定这不是第一现场呢？

45. 吹牛

中级　　难度星级：☆☆☆★★　　知识点：唯一合理的解释

张三和朋友吹牛说："有一次，我和朋友去非洲旅行。和朋友打赌，蒙着眼睛在一条只有一米宽、两边都是悬崖的小路上走100米。结果我一点都不慌张，一步步走完，取得了胜利。"朋友笑笑说："少吹牛了，那有什么难的，连小孩子都能做到！"

你知道朋友为什么这么说吗？

46. 无名死尸

中级　　难度星级：☆☆☆★★　　　知识点：化学常识

警察在某市的一个湖中发现一具无名死尸。由于尸体已经腐烂，无法辨认长相。骨头上有一些明显的黑色斑块。警察只好照了几张照片，并经过简单的尸检后送到火葬场火化了。

一位有经验的警察马上开始调查市内炼铅厂之类的重金属冶炼工厂，顺着这条线索，很快就破了这起无名死尸案。

这位有经验的警察是如何从骨斑判断出死者身份的呢？

47. 正当防卫

中级　　难度星级：☆☆★★★　　　知识点：矛盾的现场

张三向警察报案，说自己在好友李四的办公室里，因为发生了一些口角，李四突然从抽屉里拿出一把手枪要射杀自己，出于正当防卫，自己无意中杀死了李四。

警察查看现场发现，办公室有打斗的痕迹，除此之外都很整齐，窗户和门都关着。拉开张三所说的放枪的抽屉，里面还有十几颗剩余的子弹。

警察想了想说："我看不像你说的那样，你是故意杀害李四的！"

警察为什么会这样说呢？

48. 谁是罪犯

中级　　难度星级：☆☆★★★　　知识点：唯一合理的解释

在市中心最繁华的地方新开业了一家珠宝公司，突然闯进来一名男子，抢起锤子一敲，珠宝展柜的玻璃哗啦一声碎了。没等店员反应过来，男子趁乱抢走了大量珠宝首饰，逃之夭夭。

警方赶到现场，发现这些展柜用的都是防盗玻璃。这种玻璃别说用锤子，就是用枪都打不碎。这是怎么回事呢？劫匪到底是谁？

49. 凶器是什么

中级　　难度星级：☆☆☆★★　　知识点：发现细节

张三是个出名的无赖，吃喝嫖赌无恶不作，还经常打老婆出气。一天张三赌输了钱回家找老婆撒气。张三老婆正在厨房做饭，气急之下顺手拿起身边的一样东西向张三头上打去。没想到张三一句话没说，倒在地上死了。

　　张三老婆报了警，很快警察来到现场，发现张三头部被砖块之类的钝器所伤，没有流血，可能死于大脑受损。警察巡视了一圈，厨房里只有一些锅碗瓢盆之类的器具，还有砧板、菜刀、一个新买的鱼头、一块冻豆腐以及一些青菜等，就是没有发现凶器。当然，没有凶器不好定案，而张三老婆由于惊吓过度，一时又不说话。

　　你知道张三老婆是用什么打死张三的吗？

50. 识破小偷的伎俩

　　中级　　　难度星级：☆☆☆★★　　　知识点：发现漏洞

　　一对新婚夫妇在某市郊外买了一间房子，一层共有三户人家。一天，这对夫妇正在看电视，突然听见有人敲门。妻子打开门一看，是一个陌生男子。男子一看到她便说："对不起，对不起，我走错门了，还以为是我的房间呢。"然后转身走了。这对夫妇回到房间一考虑，便确定那个男子是个小偷。他们马上报告了小区的保安，保安很快就将男子抓获。后来经警方查证，该男子果然是个惯偷。这对夫妇是如何知道陌生男子就是小偷的呢？

51. 老练的警长

中级　　难度星级：☆☆★★★　　知识点：常识

7 月 14 日中午，巴黎四方旅馆住进了 4 个单身旅客。他们是：从耶路撒冷来的斯坦纳先生，经营水果生意；从伦敦来的勃兰克先生，行踪有些诡秘；从科隆来的企业家比尔曼，他是来同跨国公司洽谈一笔生意的；从里斯本来的曼纽尔，身份不明。

7 月 16 日上午，电影明星格兰特小姐发现金银珠宝不翼而飞。警方经过调查，确信盗窃犯就在这 4 名旅客当中。于是，警方询问旅馆经理这三天 4 位旅客的活动情况。经理回忆道："斯坦纳每天总是要两张希伯来语报纸，坐在大厅门口，用一个放大镜从头读到尾；勃兰克每天上午 10 点左右离开旅馆，下午 5 点左右回旅馆，一架照相机总不离身；比尔曼总是在床上吃早饭———一个鸡蛋和一些鱼子酱，起床后总是在服务台最忙的时候来拿他的信件；曼纽尔是个左撇子，会讲六种语言。"

警方根据经理提供的线索，决定传讯这 4 名单身旅客。不料，勃兰克和曼纽尔都离开了旅馆；比尔曼也不知去向，只有斯坦纳仍坐在大厅门口看报纸，把放大镜从左到右一行一行往下移。老练的警长看着看着，突然眼睛一亮，立即招呼几个警察走上前去，给斯坦纳戴上了手铐。经审讯，斯坦纳对自己的盗窃行为供认不讳。

斯坦纳在什么地方露出了破绽？

第二章

疑案巧侦破

福尔摩斯一直以来都是人们心目当中最厉害的侦探之一，尽管他只是小说中虚构出来的一个人物，但通过柯南道尔细腻的文笔，福尔摩斯细致入微的观察能力和缜密严谨的推理能力，加上不拘一格的破案手法，一个栩栩如生的高智商侦探展现在我们面前，成了公众心中破案高手的代名词。

从某种角度来说，世界上最聪明的人不是爱因斯坦，不是爱迪生，也不是达·芬奇，而是福尔摩斯。一个人如果拥有了福尔摩斯那样的头脑，无论在什么领域，都将非常出色。

在我国历史上，也经常会有一些蹊跷的刑事案件发生，这时候就要靠我国古代的那些"福尔摩斯"们伸张正义，查出真凶了！

唐朝李靖担任岐州刺史的时候，被人诬告谋反。唐高祖李渊派御史大夫刘成连同告状者一起前去审理此案。刘成与李靖有私交，也了解他的为人，知道必是有人诬告。无奈告状者准备充足，罗列了大量罪证。

一天早上，告状者看到一脸惊慌的刘成正在责骂鞭打他的随从，忙过来询问缘故。刘成回答说："他弄丢了你写的状子。皇帝让我们办此事，现在状子丢了，皇帝会认为我们与李靖私下往来，不会放过我们的。"

告状者也感到了问题的严重性，忙问刘成有什么解决之法。刘成说："只有把此事隐瞒下来，请你再重新写一份状子补上，这样谁也不会知道。"

告状者想了想，没有别的办法也只好如此了。于是他重新写了一份状子，交给刘成。

结果过了几天，皇帝就下令捉拿告状者，并释放了李靖。

原来这一切都是聪明的刘成想出的破案手段：因为是诬告，而且罪证很多，告状者在重新写状子的时候，两次必定会有很多出入。这两份状子就成了他诬告李靖的证据。

侦探过程是智慧的较量，在真相面前，假的永远真不了。

超自然的恐怖，神秘的死亡，残忍的罪行，凄凉的宿命。正义与邪恶的比拼，智慧与阴谋的较量！让我们一起揭露真相，破谜探险，通过严密科学的推理，来破解一桩桩疑案。

52. 指纹

中级　　难度星级：☆☆★★★　　知识点：发现细节

夏日的一天，有人报案称独自居住在中心公寓的琳达女士被发现死在了自己家中，是被子弹击中要害，当场毙命。

警方调查发现，死者在当晚接触过的人有 3 名，分别是甲、乙、丙。甲是琳达的好朋友，两个人聊了很久，后来甲有急事先走了，其间琳达还为甲倒了一杯冰镇果汁；乙是琳达的前男友，因为感情上的事争执了一番后，不欢而散，其间琳达为他倒了一杯白水；丙是琳达的同事，想向琳达借钱，却没有借到，骂骂咧咧地离开了，其间琳达为他倒了一杯冰咖啡。

现场没有留下任何有价值的线索，就连那三个玻璃杯上也只有琳达一个人的清晰指纹。显然凶手会有意地擦掉自己的指纹，但是另外两个不是凶手的人，为什么他们的指纹也消失了呢？难道也是凶手擦掉的吗？另外，擦掉指纹的凶手到底是三个人中的哪位呢？

53. 识破谎言

初级　　难度星级：☆☆☆☆★　　知识点：常识

史蒂芬的公司经营不善，生意惨淡，快到了关门的地步。这天中午，有人发现史蒂芬的公司突然冒起了黑烟，不久火越烧越旺，把整个公司都烧毁了，幸好没有人员伤亡。火灾过后，保险公司来人调查起火原因。史蒂芬说："今天中午，我正在办公室处理公务，突然电灯闪了两下，然后电线就冒起了火花，引燃了我桌上的文件。我连忙用水把文件和电线上的火浇灭，然后跑了出来，打算去找修理工。哪知道等我回来，整个公司都已经烧着了。一定是那些电线老化年久失修，在我离开以后又一次起了火。"

调查人员说："你确定你离开的时候用水扑灭了文件和电线上的火花？"

"是的，我确定。"史蒂芬回答道。

"对不起，史蒂芬先生，这场火灾属于你人为纵火，不在我们的赔偿范围之内。"保险公司的调查人员说。

请问，调查人员为什么说这场火灾属于人为纵火呢？

54. 轮胎的痕迹

中级　　难度星级：☆☆★★★　　知识点：唯一合理的解释

轮胎的痕迹就和我们人的脚印一样，有时候可以帮助我们破案。一天，警察找到陈先生："门口停的那辆红色的车是你的吧？"

"是啊，怎么了？"陈先生问道。

"我们在一个犯罪现场发现了和你的轮胎一样的痕迹，特意过来调查一下。"警察回答说。

"什么时候的事情？我的车从上周末开始到现在已经3天没开了。"陈先生疑惑地回答。

"那你有没有借给别人，或者车钥匙有没有丢失过呢？"警察问。

"没有，我的车就停在门口，通过窗子我可以看到车顶，它确实3天都在门口。另外我有个习惯，每次用完车都会记下里程表，上次的记录是2.8万千米整。"说着带警察去看了下里程表，确实还是2.8万千米。

这到底是怎么回事呢？陈先生的车没有动过，为什么会在别处的案发现场出现他车的痕迹呢？

55. 发黑的银簪

中级　　难度星级：☆☆★★★　　知识点：化学常识

一天，在医院的病房内发生了一起谋杀案，一名女病人在睡觉的时候被人刺死。凶器是一根银簪，看上去像是从这名女病人头发上拔下来的。警察拔出银簪，发现它的尖端十分锋利，闪闪发光，完全可以做一把护身的短剑。只是柄端有点黑黑的，和熏过似的。

法医判断死亡时间大约是晚上12点，那个时候医院的大门是锁着的，没有人可以进来。所以凶手应该是病房内部的人。进一步调查得知，和死者有矛盾的人有两位，一位是隔壁房间的心脏病患者，李某；另一位是对门房间的皮肤病患者，张某。

你知道凶手最可能是哪位吗？

56.恐高症

中级　　难度星级：☆☆★★★　　知识点：矛盾的现场

贝加尔湖是世界上最深的湖泊，而且水质清澈透明，从水面甚至可以看到水中40米的深处。

盛夏的一天，就在这片美丽的湖泊上，有人发现了一具死尸。警察马上赶到了现场，发现死者是个青年男子，漂在水面上，旁边有一艘小船，反扣在湖水中，看样子像是他一个人来划船，可船不小心被风吹翻，人落水，溺亡。

后来经过调查得知，男子是一名恐高症患者。他原来居住在一栋5层高的楼房的4层，因为恐高，不得已和人换了房子，搬到了一层去住。

了解到这些，警察马上断定这并不是一场意外，而是谋杀。

你知道警察为什么断定这是一起谋杀案吗？

57.毒杀案

中级　　难度星级：☆☆★★★　　知识点：唯一合理的解释

张三被人发现死在自家的床上，旁边的桌子上有一盒吃了一颗的感冒胶囊。经法医鉴定，死者是死于氰化物中毒，死亡时间大概是在晚上8点。警察找到了唯一的嫌疑人，是张三的闺蜜。但是张三的闺蜜当晚7点开始就一直在2千米外的朋友家做客，有很多人可以为其作证。大家知道，氰化物是一种喝了之后马上就会使人毙命的毒药，但张三也确实是被这名嫌疑人杀害的。

请问，你知道她到底是如何做到的吗？

58. 藏木于林

中级　　难度星级：☆☆☆★★　　　知识点：发现细节

一天清晨，警察接到报警电话称，一名形迹可疑的男子将偷来的钻石藏在饭店的一盆玫瑰花中。警察马上出动，但还是晚了一步，该男子已经抱着花盆离开了。警察马上开始追踪，在附近一个露天花圃中找到了该可疑男子。这个花圃中有上百盆玫瑰花，到底哪个才是男子藏钻石的花盆呢？你能帮警察用最快的方法找出来吗？

59. 意外还是谋杀

初级　　难度星级：☆☆☆☆★　　　知识点：常识

伦敦火车站发生了一起火车撞死人的事故，警察马上前去调查。事情是这样的，一名年轻女子推着轮椅走进车站，轮椅上坐着一位老人。不一会儿火车进站了，女子推着老人向火车靠近，突然像是失控了一样，女子向远离火车的方向倒了下去，同时手也松开了，轮椅带着上面的老人向火车轨道滑去。火车还没停下就撞在了轮椅上，老人当场死亡。

年轻女子马上冲了过去，拉着老人大声痛哭。警察询问女子事件经过，女子哭着说："我带着父亲打算去巴黎治病。火车进站的时候，有一股强大的气流把我推开，我一失手松开了轮椅，父亲他就……"说到这里女子已泣不成声。

警察在旁边听着，冷冷地说："我不知道你的原因是什么，但是你在撒谎，是你杀了你的父亲。"

请问，为什么警察会这么说呢？

60. 间谍的纰漏

中级　　难度星级：☆☆☆★★　　知识点：发现细节

夏季的一个夜晚，一名间谍偷偷潜入一个院子里伺机作案。这家主人一直在书房里工作，灯引来了很多蚊子，咬得间谍心烦意乱，不停挥手赶蚊子，偶尔还捏死几只。

等到了晚上 11 点，这家主人终于熄灯回到卧室睡觉了。间谍偷偷溜进书房，用相机偷拍了这家主人整理好的重要文件，然后悄悄离开了。

第二天，警察就找到间谍，"昨天潜入别人家偷拍重要文件的是你吧，看来你要跟我们走一趟了。"警察开门见山地说。

"没有的事，你们有证据吗？"间谍坚信自己已经把潜入书房的所有痕迹清除掉了。

你知道间谍的纰漏在哪里吗？他到底犯了什么错误呢？

61. 消失的字迹

中级　　难度星级：☆☆☆★★　　知识点：唯一合理的解释

张三和李四是生意伙伴，一次两人合作做一场生意，张三带的钱不够，便向李四借了 20 万元。由于没有找到合适的稿纸，张三便拿出了一张自己的名片，用自己的钢笔写下了"张三从李四处借款人民币贰拾万元整"的字样，并签上了自己的名字和日期。过了一段时间，到了约定还钱的日子，张三却迟迟不还钱。李四就找到张三来要。张三耍赖说："我向你借过钱吗？我怎么不记得呢？你有凭据吗？"

李四马上找出张三写有字据的名片，可是奇怪的是，上面竟然一个字都没有。

你知道张三是如何做到的吗？

62. 电话的暗语

中级　　难度星级：☆☆☆★★　　知识点：设置机关

陈婧在香格里拉大酒店被歹徒挟持，歹徒逼迫她当着他们的面给家里报平安。她只好照办，在电话里，她说："亲爱的老公，您好吗？我是陈婧，昨晚不舒服，不能陪您去酒吧，现在好多了，多亏香格里拉大酒店的经理上月送的特效药。亲爱的，不要和我这样的'坏人'生气，我们会永远在一起的，请您原谅我的失约，我的病很快就会好了。今晚赶来您家时再向您当面道歉，可别生我的气呀！好吧，再见！"

可是 5 分钟后，警察突然出现在他们面前，歹徒不得不举手投降。你知道陈婧是怎么报案的吗？

63. 祖传花瓶

中级　　难度星级：☆☆☆★★　　知识点：常识

徐老太太和两个儿子住在一个四合院里，老太太有一个祖传的花瓶，价值连城，她知道两个儿子对这个花瓶觊觎已久，却不肯把花瓶给他们。有一年中秋节，老太太要去远方女儿家住几天，就把自己的屋子锁住后，出去了。

半个月后，徐老太太回家，发现花瓶已经被人偷了。她很气愤，叫来两个儿子询问。大儿子说："昨晚我上厕所，借着月光，看见二弟爬到你屋里了，应该是他偷的。"

小儿子说："我昨晚一直在自己屋里看书，根本没出过门。"

老太太听了两个儿子的话，马上知道谁说了谎，谁偷了花瓶。
你知道是谁吗？

64. 罪犯的疏忽

高级　　难度星级：☆★★★★　　知识点：发现漏洞

一天，名侦探明智小五郎去拜访好友宫田先生，对方很热情地
招待了他。

"明智君，今天就留在这里吃晚饭吧。"宫田说道。

"好啊！等你的妻子回来我们一起用餐吧。"

对方看了一眼挂钟说道："她？唉，中午出去的时候还和我说会
在下午三点多钟回来的，现在呢？都快六点了，还不见人影。"他话
刚说完，只见宫田的司机小野三郎气喘吁吁地跑进屋子里说："不，
不好了。先生，太太她……"

"出什么事了？"明智侦探迅速从座位上弹了起来。

"跟我来。"司机向前飞奔，后面二人也不敢怠慢。他们三人来
到了离宫田家不远的一片树林里，一辆黑色宝马轿车停在一棵大树
的旁边。

小五郎看了一下地形，从车头的方向可以看出，经过了前面的

下坡，这辆车的确是要往宫田家驶去。车的后排坐着宫田的妻子，她的太阳穴处中了一枪。

"夫人！夫人！"宫田拉开了车门，想抱住自己的太太。

"不要这样！宫田君，这样就破坏现场了。"

一听小五郎这样说，宫田忍住悲痛没有去碰他的妻子，却在不停哭泣。

"宫田夫人出门的时候是坐着你的车？"小五郎问司机小野。

"是的。"

"这个枪眼是怎么回事？"小五郎指着死者头部右侧太阳穴问道。

"是这样的，刚才太太说肚子有些饿了，要回家，我就开车送她，但经过了那家超市之后我就听见一声枪响，接着就刹住了车，等我回头时才发现太太已经死了。她是个好人呀！"小五郎朝那家超市看去，超市离这里还很远，有一段距离，他很清楚，那家超市的生意不太好，很早就关门了，所以不会有其他的目击证人出来作证。

"你真的听见枪响了？"小五郎问。

"是的，千真万确。"

"你开车的时候这条路上还有其他人吗？"

"没有，一个都没看见，先生，会不会是有人在附近埋伏着呢？"

"在我们来之前你有没有动过现场？"

"没有。"

"你一个月拿多少工钱？"

"啊？先生，你怎么这样问？"小野疑惑地说。

"回答我。"

"三千元，宫田先生给的钱不算少。"

"留着这笔钱请律师用吧。"小五郎看着小野严厉地说，在小野狡辩之前，明智小五郎做出了精彩的推理。

请问，司机小野的漏洞到底在哪里呢？

65. 小木屋藏尸案

中级　　难度星级：☆☆★★★　　知识点：唯一合理的解释

登山家张三的尸体于2月23日下午5点30分在雪山上的一间小木屋里被人发现。赶到小木屋的警察一面勘验尸体，一面搜查凶手的行踪。

根据尸体解剖的结果，其死亡时间在当日1点30分至2点30分。而山庄的老板表示2点整曾和张三通过电话，这样一来，其死亡时间范围更缩小了！

经过调查，涉嫌者有三名。他们也都是登山好手，和张三同在一家登山协会，听说最近为了远征喜马拉雅山的人选、女人及借款的关系，分别和张三发生过激烈的冲突。为了避免正面冲突，三人都换到山庄去住，只留张三一人在木屋里。老赵服务于证券公司，正午时离开小屋，沿着山路下山，5点多到达旅馆。走路比较快的人走这段路也要花5小时20分钟，最快的纪录是4小时40分。另外服务于杂志社的老黄和在贸易公司工作的老陈1点30分一同离开小木屋。到一条分岔路时，老黄坐上了缆车，4点整到达山庄。

老陈也坐了一段缆车，本打算再滑雪下去，怎奈滑雪工具不全，只好走下山，到达山庄已经8点多了。他在上一次登山中，弄伤了腿，所以行动不便，从滑雪处走到山庄全程计算起来至少要花6小时！

老陈说遗失的滑板后来在山庄附近的树林中被发现。

他们都和死者一起来登山，而且都有作案的动机，所以这三个人中必定有一个是凶手，到底是谁呢？

66. 骨灰盒里的宝石

高级　　难度星级：☆★★★★　　知识点：唯一合理的解释

1990 年 5 月 10 日上午 9 点 30 分。

豪华的"冰山"号大型游艇正在河上逆流而上，突然，身穿丧服的夏尔太太急匆匆地找到船长说：

"糟了，我带的一只骨灰盒不见了！"

船长听了夏尔太太的话，不以为然，他笑着对她说："太太，别着急，好好想想看。骨灰盒恐怕是没有人会偷的吧！"

"不，不！"夏尔太太额头冒汗，连连解释，"它里边不仅有我父亲的骨灰，而且还有 3 颗价值 3 万马克的宝石。"

第二次世界大战前，夏尔太太的父亲科伦教授应加拿大多伦多大学的聘请，前去执教。后来，战争爆发了，他就留在加拿大。光阴荏苒，一晃就是几十年。开始，他只身在外，后来他的大女儿夏尔太太去加拿大照料他的生活。这一年春天，科伦教授突然得了重病，卧床不起。弥留之际，他嘱咐女儿务必把他的骨灰带回德国，并把自己多年的积蓄换成宝石分赠给在德国的 3 个女儿。

夏尔太太无比懊丧地对船长说："正因为这样，我才一直把骨灰盒带在身边，我认为骨灰盒总不会有人偷的，没想到我人还未回到故乡，3 个妹妹还未见到父亲的骨灰，今天却……"

船长听罢原委，立即对游艇上所有进过夏尔太太舱室的人进行调查，并记录了如下情况。

夏尔太太的闺蜜弗路丝：9 点左右进舱同夏尔太太聊天；9 点零5 分，因服务员安娜来整理舱室，两人到甲板上闲聊。

夏尔太太本人：9 点 10 分回舱室取照相机，发现服务员安娜正在翻动她的床头柜。夏尔太太恼怒地斥责了她几句，两个人争吵了10 分钟，直到 9 点 20 分；9 点 25 分，弗路丝又进舱室邀请夏尔太太去甲板上观赏两岸风光，夏尔太太因心绪不佳，没有答应。

到了 9 点 30 分服务员离开后，夏尔太太发现骨灰盒不翼而飞……

如果夏尔太太陈述的事实是可信的，那么，盗贼肯定是安娜与弗路丝两个人中间的一个，但是无法肯定是谁。正在为难之际，有个船员向船长报告说："我隐约看见船尾的波浪中有一只紫红色的小木盒在上下颠簸。"

船长赶到船尾一看，果然如船员所说。于是，他当机立断，下令返航寻找。此时是 10 点 30 分。到 11 点 45 分终于追上了那只正在河面上顺流而漂的小木盒，立即把它捞了上来。

经夏尔太太辨认，这个小木盒正是她父亲的骨灰盒，可是骨灰盒中的 3 颗宝石没有了。

这时，船长又拿出了笔记本，细细地分析刚刚记录下来的情况，终于断定撬开骨灰盒窃取了宝石，然后将骨灰盒抛入大河的人是谁。

破案的结果，同船长得出的结论是完全一致的。

你知道这些宝石是谁偷的吗？

67. 县官审案

中级　　难度星级：☆☆☆★★　　知识点：发现漏洞

古时候，一位老翁有两个儿子，二儿子不务正业，到处为非作歹。一次老翁气急之下错手打死了二儿子，怕官府追究，悄悄地和大儿子一起将尸体埋了起来，对外只说二儿子外出做工。一次老翁喝醉了酒，喃喃自语颇有悔恨之情，被邻居听到，就把他告到了官府。老翁拒不承认。县令没有证据，便想了一个审讯办法，将大儿子和老翁关在一起，并把大儿子吊起来受刑，从而得知了事情的真相。

你知道这是为什么吗？

68. 破绽

中级　　难度星级：☆☆☆★★　　知识点：发现破绽

村民张三向新上任的知县控告邻居无赖陈四抢占他家 10 亩良田。知县派人带来无赖陈四，他辩解说："10 年前张三父亲去世，没钱埋葬，便把家中 10 亩田地卖给我。我有证据在此。"说完将自己用茶汁浸泡发黄的字据冒充成陈年旧物呈给知县。

知县小心翼翼地打开这张折叠起来的字据，一拍惊堂木，喝道："你竟敢伪造字据，欺骗本县！"

你知道知县发现了什么破绽吗？

69. 凶手的破绽

中级　　难度星级：☆☆☆★★　　知识点：发现破绽

一个寒冷的冬天，在一间公共浴室内，一名客人被人用手枪射杀。警察来现场调查，询问一位在场的证人情况。证人说："我当时正在洗澡，突然一个人从外面冲了进来，向里环视了一圈，对着死者开了一枪，然后就跑了。"

警察问："那你有没有看清凶手的样子？"

证人回答说："没有，他戴着墨镜和口罩，看不出什么样子。"

警察听完，马上对这个人说："你在说谎，快老实交代，是不是你干的！"

警察发现了什么破绽呢？

70. 破绽在哪儿

中级　　难度星级：☆☆☆★★　　知识点：发现破绽

冬季的一天，气温达到零下 20 多度，福尔摩斯在一家乡村旅店中休息。突然跑来一个浑身湿漉漉的人，大喊着"救命"。福尔摩斯忙问怎么了。来人说："我和朋友一起在结了冰的湖里滑冰，突然冰裂开了，朋友掉了下去。我马上去救他，没有找到，就马上跑回来找人帮忙。"福尔摩斯马上和一群人一起来到 2 千米外的出事地点，看到冰上果真有一个大洞。

福尔摩斯看了看那个人说："我看，你的朋友是你故意杀害的吧！"

你知道他的破绽在哪儿吗？

71. 死亡线索

中级　　难度星级：☆☆★★★　　　　知识点：发现细节

正月初二的早晨，在某公寓 508 室发现单身生活的女占卜师被杀身亡，被利刃刺进背部，倒在了日式房间的榻榻米地板上。不知为什么被害人右手指向神龛方向。

神龛上摆放着陶塑制品桃太郎，带着狗和猴子及山鸡。桃太郎是辟邪之神，爱犬和猴子跟随桃太郎，站在两旁，可奇怪的是那只山鸡不见了。勘查现场的刑警觉得有些蹊跷，掰开死者的手一看，发现手心里攥着那只山鸡。一定是死者被杀后并没有立即死去，而留下了关于凶手的线索。

另外，在现场的桌子上散乱地放着贺年片。贺年片上都印着羊的图案，看上去好像被害人是正在看贺年片时被刺死的。不久，搜查的结果集中在两个人身上。两个人都是死者亡夫前妻的子女，为了争夺去年死去的父亲的遗产，一直与被害人争执不休。其中一个是 27 岁的中村清二，卡车司机；一个是 22 岁的中村妙子，美容师。

究竟谁是凶手？为什么？

72. 四名嫌疑人

中级   难度星级：☆☆★★★   知识点：逻辑关系

这一案更有趣，牵涉到四名嫌疑人甲、乙、丙、丁，确定了如下四个事实：

A. 如果甲和乙都有罪，那丙也是同伙；

B. 如果甲有罪，那么乙、丙中至少有一个人是同伙；

C. 如果丙有罪，那么丁是同伙；

D. 如果甲无罪，那么丁有罪。

能确定哪几个人有罪，哪几个人可能有罪吗？

如果确定了如下四个事实：

A. 如果甲有罪，那么乙是搭档；

B. 如果乙有罪，那么丙是同伙或者甲无罪；

C. 如果丁无罪，那么甲有罪而丙无罪；

D. 如果丁有罪，那么甲也有罪。

能确定哪几个人有罪，哪几个人无罪吗？

73. 他是清白的

中级   难度星级：☆☆★★★   知识点：逻辑关系

这一次案件发生在君子小人村里，也就是村里的人是永远说真话的君子，或者是永远说假话的小人。

在这个村子里，有个人被怀疑偷了别人的东西，于是警官来找他问话。这个人只说了一句话："偷东西的那个人是个小人。"警官听后就知道那个人是清白的，请问这是为什么？

74. 伪造的死亡时间

中级　　难度星级：☆☆★★★　　知识点：常识

一个黑帮团伙发生内讧，部下造反杀死了大头目。为了伪造死亡时间，他们将尸体塞进大冷冻箱里放了 3 天，第四天夜里用汽车将尸体运到自然公园扔进山谷，造成其在山顶遭枪击后坠入山谷的假象。

第二天早晨，尸体被发现。警察开始立案调查。"确切死亡时间，只有在解剖了尸体后才能弄清楚。初步查实死亡已经三四天了。"法医向刑警报告说。"如果是这样，作案现场就不是这里。是在别处作案后，昨天夜里移尸到此，从山顶上推下来的。"团侦探听了法医的报告后这样肯定地说。

实际上，他发现尸体时，注意到了尸体手腕上戴的手表。手表虽然还走着，但时间要慢得多。

为什么团侦探只看了一下手表，就能马上看穿真相呢？

75. 逃逸的汽车

中级　　难度星级：☆☆☆★★　　知识点：发现细节

一辆汽车肇事后逃跑了，警长立即赶到了出事地点。

一位见证人说："当时我正在开车，在反光镜中发现自己车的后面有一辆车突然拐向小路，飞驶而去，很不正常。所以，我顺手记下了那辆车的车牌号。"

警长说："那可能就是肇事的车，我马上叫警察搜捕这辆18UA01号车！"几小时后，警察局告知警长，见证人提供的车号18UA01是个空号。现在已把近似车号的车都找来了，有18UA81号、18UA10号、10AU81号和18AU01号共四辆车。

警长看了看所有的车号，终于从四辆车中找出了那辆肇事车。

你知道是哪个吗？

76. 偷自行车的人

中级　　难度星级：☆☆★★★　　知识点：逻辑关系

某个学校半夜有人开卡车进来偷自行车，通过调查锁定了三名作案嫌疑人：甲、乙和丙。经过了解后，查明了如下三条事实：

A. 作案者不可能是甲、乙、丙三个人以外的其他人；

B. 丙作案的时候肯定会和甲在一起，当然不一定只有两个人；

C. 乙不懂怎么开卡车。

通过这三个事实，相关人员马上把甲抓了起来，请问是怎么推理的？

77. 校园里的盗窃案

中级　　难度星级：☆☆★★★　　知识点：逻辑关系

校园里又出了一起盗窃案，经过调查锁定了三个嫌疑人，并了解到如下三条事实：

A. 作案者不可能是甲、乙、丙三个人以外的其他人；

B. 甲作案的时候肯定会有搭档；

C. 经过深入调查，丙有充分的不在场证据。

如果你是警官，能依此决定先把谁抓起来吗？

78. 双胞胎盗窃案

中级　　难度星级：☆☆★★★　　知识点：逻辑关系

这一桩案件的嫌疑人也有三个，但甲与乙是对双胞胎，长得很像，一般人很难分清哪个是哪个。但大家都知道，那对双胞胎很胆小，必须有搭档才可能作案。第三个嫌疑人丙则胆子非常大，因此从来都是单干的。有可靠的几个证人作证，在案件发生的时候，他们看见双胞胎兄弟里的一个在操场上打球，但并不能确定是甲和乙里的哪一个。已经知道作案的肯定是甲、乙和丙里的一个人，能确定谁有罪，谁无罪吗？

79. 村长审案

中级　　难度星级：☆☆★★★　　知识点：逻辑关系

还有一个案件也是发生在君子小人村里，甲和乙两个人被怀疑偷了别人的东西，于是村长出面审理这个案子。最后村长宣布：

A. 甲有罪；

B. 甲和乙并不是都有罪。

一个路人经过这个村子并知道了这件事，他不知道村长是君子还是小人，那么他能根据村长的话推理出谁有罪吗？村长又属于哪类人？

如果最后村长宣布：

A. 甲或乙有罪；

B. 甲没有罪。

这个路人能根据村长的话推理出谁有罪吗？村长又属于哪类人？

80. 手表

中级　　难度星级：☆☆☆★★　　知识点：发现破绽

怀特先生加了一夜的班，天亮了才回到家中，发现家中被盗，保险箱里的大量现金和首饰都不见了。于是他报了案。不一会儿警察来了，和怀特一起在他家锁着的地下酒窖里发现了还在熟睡的妻子。众人将其叫醒，怀特的妻子讲述了事情的经过："昨天下午三点左右，三名歹徒闯进家中，强行给我灌下了安眠药之类的药物，很快我就睡着了，并被歹徒关在了地下酒窖中。也不知道过了多久，现在才被大家叫醒。"

警察看了一眼这个酒窖，是个不大的地窖，放着几架红酒。四周无窗，门可以从外面锁上，里面有一盏 40 瓦的灯泡，发出不太亮的光。

警察看了一眼怀特的妻子，说："你和那些强盗是一伙的吧！快从实招来。"

你知道警察是如何识破她的诡计的吗？

81. 失误

中级　　难度星级：☆☆☆★★　　知识点：发现破绽

间谍007想从某国要职人员手中盗取一份机密情报。他首先探听到该要职人员会在某一时刻独自一人开车经过一段山路，于是他埋伏起来，等要职人员驾车到达一个转弯处时，他用全息图像制造了一个非常逼真的汽车迎面开来的图像。要职人员为了躲避前面的车辆，下意识地猛打方向盘，连人带车翻下十几米深的山谷，撞在一块大石头上当场死亡。本以为车会起火爆炸，没想到因为油箱里油量不足，没有起火。

007赶了过去，偷拍了机密文件后将其放回原处，又从自己的车上拿来汽油浇在要职人员的车上点燃，瞬间要职人员连人带车被熊熊烈火包围，做成其因不慎坠入深谷，车身起火死亡的假象。

但是没过多久，新闻上就出现了某国要职人员被人谋杀的新闻。

你知道 007 有什么失误吗？

82. 嫁祸他人

中级　　难度星级：☆☆★★★　　知识点：矛盾的现场

张小姐是一位模特，一个人居住，便请了个钟点工每隔两天来家中打扫一下。一天早晨，钟点工来到张小姐家中打扫房间，发现张小姐一夜未归。她在打扫房间时发现了大量首饰，便起了偷窃之心。但是这个过程恰好被前来找张小姐工作的助理发现了。钟点工为了守住秘密，勒死了助理。接着她从张小姐的梳子上取下几根头发，塞在死者的手中，布置成助理与张小姐厮打致死的样子后，偷偷离开了。

中午的时候，张小姐回到家中，发现了助理的尸体，便报了警。

警察来到现场，经过调查发现死者手中的长头发正是张小姐的，初步怀疑张小姐就是杀人凶手。接着警察又询问了张小姐的行踪。张小姐回答说："因为今天有工作，所以我昨天晚上先去了理发店，修剪了一下头发。然后就一个人去酒吧喝酒，后来有点喝醉了，就去朋友家睡了一晚。早上起来后，打电话给助理准备工作的事情，可是助理没有接电话，就四处找她。到了中午还没找到，就回了家，发现了助理的尸体……"

警察看了看张小姐新修剪的头发，排除了张小姐的嫌疑。

你知道是怎么回事吗？

83. 特级教师之死

中级　　难度星级：☆☆★★★　　知识点：矛盾的现场

有一天晚上 9 点左右，特级教师于老师在家里批改学生作业时，被人用木棒从背后打死。书桌上只有一堆作业和一盏亮着的台灯，并且窗户紧闭。

报案的是住在于老师对面公寓的刘夏。他向赶到现场的警方描述当时的情况："那时候我刚洗完澡，正站在窗户旁想呼吸一下新鲜空气，当我从房间向外看时，无意间发现于老师书房的窗口有个影子，似乎举着什么东西向他攻击，我感觉不妙，所以就报警了。"

刑警听了以后却说："你说谎！你就是凶手！"说罢便将刘夏逮捕归案。警察是怎么发现他说谎的呢？

84. 谁有罪

中级　　难度星级：☆☆★★★　　知识点：逻辑关系

这次的案子发生在有君子、小人和凡夫的村子里。君子永远讲真话，小人永远讲假话，凡夫则有时讲真话有时讲假话。

现在有三个村民甲、乙和丙被怀疑偷了东西，已经知道犯罪的是君子，而且是他们三人中间唯一的君子。现在三名疑犯作了如下的陈述：

甲：我无罪；

乙：甲说的是实话；

丙：乙不是凡夫。

你能确定是谁有罪吗？

85. 谁在说谎

中级　难度星级：☆☆☆★★　知识点：发现破绽

一名劫匪抢劫了一家珠宝店，正好附近有一个巡逻的警察及时赶到，在作案现场附近抓到了几个嫌疑人。在询问的过程中，几个人的供词分别如下：

第一位说："什么？抢劫？什么时候的事？中午12点半？那时我正在前面那个小吃店吃面，吃完了发现外面下起了雨，我躲了一会儿雨。停了我才出来，可没走多远就被抓了。"

第二位说："我和女朋友一起逛街，突然下起了大雨，我们只能待在店里。等停了我们才分手各自回家，还看到那边有一道彩虹呢！"

第三位说："我不知道什么抢劫，我在附近的小店里躲雨，晴了以后我发现有一道彩虹，很漂亮。我最喜欢彩虹了，就一直盯着看了半天。可能时间太久了，被太阳照得很刺眼，就打算回家休息一会儿，没想到被你们抓来了。"

警察想了想，说这三个人中有一个在说谎！

你知道谁在说谎吗？

86. 窃取情报

中级　难度星级：☆☆★★★　知识点：发现细节

某科技公司高层开会的时候，偶然发现在会议室的桌子下面有一支微型录音笔，想必是竞争对手安排了奸细想窃取商业情报。公司决定查出这个奸细。从录音中了解到，这段录音的前1分钟没有任何声音，1分10秒的时候有一声关门的声音，接着又是半个小时的静音状态，接着是零星几个人的脚步声，接着就是会议上讨论的内容。应该是有人将录音笔打开后藏在会议桌下面，然后离开了。半个小时后，高层领导陆续到会议室来参加会议，并开始开会。

根据会议的时间倒推就可以确定奸细安放录音笔的时间。而在这个时间没有不在场证据的只有三人。第一个是市场部经理的新秘书王小姐，穿着一身白色的连衣裙，红色的高跟鞋；第二位是创作部的一位男职员李先生，穿着黑色的西装，棕色的皮鞋；第三位是人事部的王先生，一身休闲装，运动鞋。

只是凭着三个人的装束，聪明过人的总经理就推出了谁是内奸。

你知道三人中谁是奸细吗？

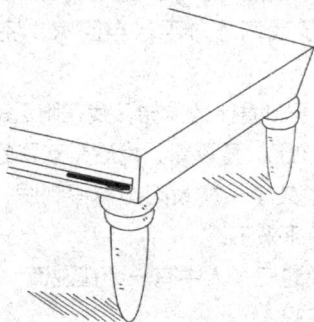

87. 骗子的漏洞

中级　　难度星级：☆☆☆★★　　知识点：发现漏洞

"啊，我的钻石项链不见了！"一家五星级酒店的客房内传来一声尖叫，一位贵妇气愤地告诉保安，她的钻石首饰被人偷了，要酒店作出赔偿。

警长接到报案后，立刻赶到现场，向贵妇询问详情。贵妇说：

"我刚洗完澡，一打开浴室门，就从浴室的镜子里看到一个大约 180 厘米高的黑衣男子从我的房间跑出去。"

警长看看浴室的镜子，问："您确定是在这面镜子里看到的？"

贵妇肯定地点了点头。

警长笑笑："收起您的伪装吧，您只不过是为了拿到保险金才这样做的。"

你知道警长的依据吗？

88. 作伪证的证人

中级　　难度星级：☆☆★★★　　知识点：矛盾的现场

在一个白雪纷飞的冬夜，花园路 48 号房间有一位单身女郎被人杀害。警方一到现场便展开了深入的调查，发现现场的房间中，电热炉被烘得红红的，屋子里的人热得直流汗，电灯依旧亮着，紧闭的窗子掩上半边窗帘。

这时，被害人住所附近的一个年轻人向警方提供目击证据说，在昨晚 11 点左右，他曾目击凶案发生，死者的屋子离他的房间大约

20米，他发现凶手是一个白衣男子，戴着金丝框眼镜，并且还蓄着胡子。

警方根据这位年轻人的叙述，逮捕了这名白衣男子。在法庭上，白衣男子的辩护律师开始询问这位目击证人："你是在案发当时偶然在窗子旁看到凶手的吗？"

年轻人回答："是的，因为对面窗户是透明的，而且那天晚上她的窗帘又是半掩的，所以我才能从20米远处看到凶手。"

这时，律师很肯定地说："法官大人，这位年轻人所说的都是谎话，也就是犯了伪证罪。"

经过审查，证明了律师的判断是正确的。你知道律师是怎样判断的吗？

89. 吹牛的人

中级　　难度星级：☆☆☆★★　　知识点：矛盾的现场

花花公子肯特见到人就说自己的英勇经历："去年圣诞节前一天的早上，我和海军上尉海尔丁一同赶往海军在北极的气象观测站，突然海尔丁摔倒了，大腿骨折，10分钟之后，我们脚下的冰层也松动了，我们开始向大海漂去。我意识到如不马上生个火，我们都会冻死，但是火柴用光了。于是我取出一个放大镜，又撕了几张纸片，放在一个铁盒子上，用放大镜将太阳光聚焦后点燃了纸片，火拯救了我们的生命。幸运的是，24小时后我们被一艘经过的船救了起来。人人都说我临危不惧，采取了自救措施，是个英雄。"

你能找出肯特所说的话中，有什么不符合事实的地方吗？

90. 凶手是哪个

中级　　难度星级：☆☆☆★★　　知识点：发现细节

一名值夜班的医生被人用水果刀刺死，警察经过调查，在病房旁边的花园里找到了凶器。上面的指纹过于模糊，无法辨认。但是细心的警察发现刀柄上爬着很多蚂蚁。很快警察找到了三名犯罪嫌疑人，他们都是这名医生的病人，而且都与他有矛盾。三人分别是：1号病房的结核病人，与医生原来是好朋友，为治病向其借钱遭到拒绝而怀恨在心；2号病房的糖尿病人，怀疑自己的老婆与医生有染；3号病房的心脏病人，让医生做了3次手术，均告失败。

　　根据以上信息，你知道凶手是哪一个吗？

91. 多了一个嫌疑人

　　中级　　难度星级：☆☆★★★　　知识点：逻辑关系

　　这次案件里多了一个嫌疑人丁，但我们只能了解到关于甲、乙、丙的几条事实：

　　A. 甲确实无罪；

　　B. 如果乙有罪，他恰好有一个搭档；

　　C. 如果丙有罪，他恰好有两个搭档。

　　你能依此判断丁是否有罪吗？

92. 识破小偷

　　中级　　难度星级：☆☆☆★★　　知识点：发现细节

　　一天，警官在一所住宅的后门看见一个可疑男子。

　　"你等会儿再走。"警官见那人形迹可疑，便喊了一声。

那人听到喊声，愣了一下，便停下了脚步。

"你是不是趁着家里没人，想偷东西？"

"您这是哪儿的话，我就是这家的啊。"那个人答道。

正说着，一条毛乎乎的卷毛狗从后门里跑了出来，站在那个人身旁。

"您瞧，这是我们家的看家狗。这下您知道我不是可疑的人了吧？"他一边摸着狗的脑袋一边说。

那条狗还充满敌意地冲着警官"汪、汪"直叫。

"嘿！玛丽，别叫了！"

听他一喊，狗立刻就不叫了，马上快步跑到电线杆旁边，翘起后腿撒起尿来。

警官感到仿佛受了愚弄，拔腿向前走去。可他刚走几步，好像突然想起了什么，又急转回身不由分说地将那个男子逮捕了，嘴里还嘟囔着，"闹了半天，你还是个贼啊。"

那么，警官到底是根据什么识破了小偷的诡计呢？

93. 报案人的谎言

中级　　难度星级：☆☆★★★　　知识点：矛盾的现场

凌晨 3 点 30 分，值班警官甲身边的报警电话铃急促地响了。他被惊醒，迅速抓起听筒。电话里传来了一个女人娇滴滴的声音："你是值班警官吗？"

"是的，请问您是谁？"

"我叫 A，有人杀害了我的丈夫，因为我丈夫是个富翁。"

警官记下了她的地址，立刻跳下床。门外北风呼啸。"这该死的鬼天气！"

他缩着脖子钻进了警车，40 分钟后赶到了 A 家。

A 正在门房里等他。警官一到，她就开了门。房子里真暖和，警官摘下了围巾、手套、帽子，并脱下大衣。Ａ穿着睡衣，脚上是一双拖鞋，头发乱蓬蓬的，脸上毫无血色。她说："尸体在楼上。"

警官边细看现场边问："太太，您丈夫是怎么被杀的？请慢慢说，越详细越好。"

"我丈夫是在夜里11点45分睡的，也不知道怎么的，我在凌晨3点25分就醒了，听听丈夫一点气息也没有。才发觉他已经死了，他是被人杀死的。"

"那您后来干什么了？"警官又问。

"我就下楼给你们警察局打电话。那时我还看见那扇窗户大开着。"Ａ用纤纤玉手指了指那扇还开着的窗户，"凶手准是从这扇窗户进来，然后又从这逃走的。"

警官走到那扇窗户前往下望去，下面有几个箱子，还有几个啤酒瓶，其他的什么都没有，风吹在他的脖子里面，冻得他缩了缩，忙关上了窗户。

Ａ抽泣着说："警官先生，你现在要验尸吗？"

警官冷冷回道："让法医来干此事吧。不过，在他们到这里之前，我想奉劝夫人一句——尽早把真相告诉我！"

Ａ脸色变得更白了："你这是什么意思？！"

警官严肃地说："因为刚才你没说实话！"

请问，警官为何知道那女人说了谎？

94. 骗保险

中级 难度星级：☆☆☆★★ 知识点：发现破绽

李家发生火灾，李太太对保险公司的调查员："我炒菜时油着火了，我赶紧关上煤气，忙乱中我错把旁边的一桶油当作水泼了上去，没想到，火一下子蹿到屋顶烧着了。"

调查员听后想了想说："你在撒谎，你是想骗保险。"

请问，调查员是如何知道的呢？

95. 骗保险金

中级　　难度星级：☆☆☆★★　　知识点：矛盾的现场

一位富翁报案说他家收藏的一幅名画昨晚被盗，要求保险公司赔偿。

保险公司请侦探来现场勘查。只见富翁家中的门被撬开，屋子里有些翻动的痕迹。原本装着名画的画框被打开扔在一旁的鱼缸上。鱼缸里养着几条漂亮的热带鱼。

富翁解释说："这几天天气很冷，我都用空调取暖。可昨天晚上突然停电了，没办法我只好去附近一家宾馆住了一晚。早上找来修理工帮我修好了电路，这才发现我的画不见了。"

侦探说："恐怕你是为了骗保险金吧！"

他为什么这么说呢？

96. 花招

中级　　难度星级：☆☆★★★　　知识点：矛盾的现场

冬天的早上，外面很冷，有人报案说，王博士死在自己家的床上。报案的是王博士家的女佣。她说自己早上来给王博士打扫卫生时，发现了王博士的尸体。

警察调查现场后发现，死者躺在自己暖和的被窝里，是被钝器砸死的，没有外伤和流血。从尸体的情况判断死亡时间大约是夜里10点。可是昨晚王博士家只有他一个人在，也没有人进来过，女佣在晚上8点就离开了。

有经验的警察马上判断说："一定是凶手伪造了死亡时间。"

你知道凶手是谁？是怎么做到的吗？

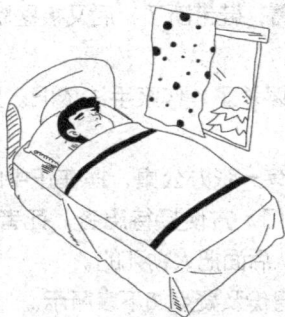

97. 照片证据

中级　　难度星级：☆☆☆★★　　　知识点：发现细节

一个星期天的下午三点左右，在市郊的一栋小房子里，一位独居的老妇人被人杀害。

警方经过调查，抓到了一名犯罪嫌疑人，但是嫌疑人很快拿出了一张照片作为自己的不在场证据。照片的拍摄日期正是案发当天，地点是市中心一座钟楼前面。只见照片上钟楼上只有刻度的大钟显示的时间正是三点。

警察仔细看了看这张照片说："你在撒谎，这张照片说明你就是凶手。"并指出了一点错误。嫌疑人只好承认了自己就是凶手。

你知道凶手是如何伪造的证据，而警察又发现了什么吗？

98. 谁是凶手

高级　　难度星级：☆★★★★　　　知识点：唯一合理的解释

百万女富翁阿拜手术前在准备室被勒死，凶器是一根铁丝，在她的颈部围了一圈，而邻屋的护士曾看到主治医师让奈去过那里，他的左腿曾因为车祸受过伤。警察们在医院角落的一间屋子里发现了作案时的衣服，白衣白裤——医院的男装工作服，裤腿往上卷着；

一双鞋，鞋舌向里窝着，鞋带断了，后又被医院专用的白胶布接合。两鞋底磨损不同！

紧接着让奈也被谋杀了，作案手法依旧。只不过他是在自己的办公室死的。

他的办公室里只有一张办公桌，摆在正中间，他坐在桌子后面的椅子上，左前方是门，方便接待患者。死者伏在桌子上死去了。凶器依然是铁丝，是从后面把人勒死的。

死者及嫌疑人的身份及疑点如下表所示。

人名	身份	疑点
阿拜	百万富翁	自杀？
格尔达	富翁之女	遗产的直接继承人
德里克	富翁之弟	阿拜生前一直不给他钱用
萨拉	女佣人	与阿拜不和，经常吵架，遗产的受益人
露西	让奈的秘书	两次案发时都在医院
让奈	阿拜的医生	阿拜遗产的主要受益人，需要一笔实验经费
托马斯	让奈的客人	让奈医生的私生子，常常向父亲要钱
飞利浦	格尔达的男友	格尔达的未婚夫，遗产的受益人
约翰	德里克的好友	案发时一直和德里克在一起

请问谁是凶手？

99. 四条有价值的供述

中级　　难度星级：☆☆☆★★　　知识点：逻辑关系

某金店被盗，丢失了一条价值连城的钻石项链。不久，警察抓到了三名与此案有关的嫌疑人。经过审讯，这三个嫌疑人做了如下的四条供述，而且据证实，这四条供述都是事实：

A. 如果甲有罪而乙无罪，那么丙有罪；

B. 丙从来不单干；

C. 甲从来不和丙合伙；

D. 这次案件的作案人肯定在甲、乙、丙里。

这几条事实也许不能完全认定谁没有罪，但有一个人可以认定必然是有罪的，是哪个人？

第三章

关注小细节

在犯罪现场，侦探最常用的侦查方法之一就是搜集蛛丝马迹。一些不起眼的细节，一些微小的线索，往往会成为破案的关键证据。

蛛丝马迹，就是犯罪现场留下的一些细小、微弱的线索，比如被害人留下的指纹、血迹、痕迹等。这些线索虽然微不足道，但是对于犯罪现场的重建和案件侦查至关重要。警方通过对这些蛛丝马迹的搜集、分析和比对，可以找出犯罪嫌疑人的身份、行踪和作案手法，从而破获案件。

侦探可以通过多种技术手段来对犯罪现场的微小线索进行搜集和分析，从而找出犯罪嫌疑人的身份和作案手法。

法国著名的法庭科学家和侦查学家埃德蒙·洛卡德博士曾说过："没有真正完美的犯罪，只有未被发现的线索。"在刑侦技术并不发达的十九世纪，他依旧坚持"犯罪，必留痕"的信条。一切物体（包括物质和能量）既不会凭空产生，也不会凭空消失，只会从一种形式转换为另一种形式。物质和能量的交换定律是自然界两大守恒定律。两物体接触，就会有部分成分脱落，脱落的物质就会在两物体间发生交换。

两车发生剐蹭，会在一辆车上找到另一辆车的车漆。凶手用木棒击打受害人，木棒的把手位置会留有凶手的指纹、DNA；木棒击打了受害人的头部，受害人的头上会有木棒的碎屑，木棒上也会有受害人因损伤而脱落的皮肤、毛发和血迹等。

哪怕有些犯罪者具有一定的反侦查能力，刻意地破坏了一些痕迹，但作为代价，也会带来更多的物质交换过程，再次形成新的蛛丝马迹。

随着侦查技术的不断发展，会有越来越多的"蛛丝马迹"在犯罪现场被发现，也会让更多凶手无处遁形。

所以，要想成为聪明的侦探，首先要善于观察，并注意到那些小细节。一个衣角的褶皱、一个人的眼神、一个字母的大小，甚至是废纸篓里的纸屑……都有可能成为破案的关键所在。

相信我们大家很多都看过《福尔摩斯探案集》，里面福尔摩斯初次与华生见面时，就很快知道他是一名去过阿富汗的军医。福尔摩斯为什么能够做到这一点呢？没错，就是因为他有着出众的观察力。也正因为这一点，福尔摩斯才能在众多案件中，很快找出破绽，还原事情的真相。

观察力不仅仅是观察，它还包括理解、判断、分析、逻辑及推理等一系列过程。敏锐的观察力可以使我们避免受表面现象的迷惑，而真正地看到事物的本质和变化的趋势。观察力，可以使一个人变得更加睿智、严谨，发现许多别人所不能发现的东西。

100. 奇怪的牛蹄印

中级　　难度星级：☆☆★★★　　知识点：矛盾的现场

一天半夜，一个偷牛贼潜入了一座牧场，正准备把牛群赶走的时候，被牧场主人发现了。偷牛贼只好落荒而逃。牧场主人走出屋外的时候，偷牛贼已经跑远了。牧场主仔细观察了一下地上，没有发现脚印，只发现一串牛蹄印。谁都知道牛跑起来并不快，这个胆大的偷牛贼竟然敢骑着牛来偷盗！牧场主人牵出一匹马循着牛蹄印追了过去。按理说，很快就应该追上，可是追了很久也没有追到。

你知道这是为什么吗?

101. 转移尸体

中级　　难度星级：☆☆☆★★　　知识点：唯一合理的解释

一天早上，有人在 A 市一条铁路转弯处的路基上发现了一具女尸。死亡时间大约是前一天晚上 10 点。很明显这里不是第一现场，看样子死者像是被人杀死后，在火车转弯时从车上推下来的。

经过警方的多方调查，终于找到了一名犯罪嫌疑人。但是这名嫌疑人住在离 A 市 200 千米的 B 市，根本不具备作案时间。而且警察也没有找到这段时间内他离开 B 市的任何乘车记录。当然也没有找到有人协助他搬运尸体。

这到底是怎么回事呢? 他究竟是如何转移尸体的呢?

102. 凶器是什么?

中级　　难度星级：☆☆★★★　　知识点：发现细节

一天，一位知名舞蹈演员独自一人在排练室排练的时候被人杀害了。凶手是趁着演员休息的时候，偷偷将尖锐的利器刺进了她的咽喉致死的。当凶手企图逃走时，正巧被其他来排练的人员抓住了，并报了警。

警察马上赶到现场，墙上铜质的老式大钟正好指向 14 点钟。排练室空空如也，只有几面镜子和一些桌椅。警察找遍了所有可能的地方，却找不到一点凶器的影子。窗子也是密封的，凶器不可能从窗子抛出屋外。

那么到底凶器是什么呢? 又跑到哪里去了?

103. 车祸现场

中级　　难度星级：☆☆★★★　　知识点：唯一合理的解释

在一个漆黑的晚上，路边没有路灯，一个年轻人准备过马路。这条马路不宽，仅仅能容下两辆汽车并排而行。当年轻人走到路的中间时，突然发现左侧路的中间开来一辆汽车，两盏闪亮的车灯晃着他的眼睛。他赶紧加快脚步，想着走到路边就可以躲过了。没想到他到了路边却还是被撞了。

你知道这是为什么吗？难道这辆车有那么宽吗？

104．剖腹残杀

中级　　难度星级：☆☆☆★★　　知识点：唯一合理的解释

一天早上，亿万富翁维利普斯的管家发现维利普斯被人杀害了，所以马上报了警。警察赶到现场，发现维利普斯死在自家的保险柜旁。保险柜打开着，里面的财物被洗劫一空。

维利普斯死得很惨，胸口中了一枪，腹部还被剖开了。看样子只是简单的劫杀案，为什么凶手会残忍地剖开死者的肚子呢？难道是仇杀吗？不过警察并没有发现维利普斯有什么仇人啊！

你知道这到底是怎么回事吗？

105．中毒身亡

中级　　难度星级：☆☆☆★★　　知识点：唯一合理的解释

在一家酒店的客房里，发生了一起命案。一个青年男子死在茶几边，茶几上还有半杯没有喝完的葡萄酒。

警察赶到现场调查，发现死者死于中毒。室内一切物品都很整齐，没有半点挣扎和打斗的迹象。杯子里的半杯红酒也没有检验出有毒。

可是明明死者是中毒死的，为什么找不到毒物呢？凶手到底在哪里下了毒呢？

106. 隐藏的死亡信息

中级　　难度星级：☆☆★★★　　知识点：发现细节

一天早上，电影明星阿珂被发现死在自己的公寓内。那天早上，她的经纪人给她打电话叫她去参加一个记者招待会，却怎么也打不通，就来到她的住处。经纪人发现她的房门并没有锁，屋子里也没人，洗手间的门关着，用力拉也拉不开。透过毛玻璃发现里面好像有人，叫人又没人回应。经纪人马上报了警。

警察赶到后，几个人合力将卫生间的门打开，发现阿珂小姐已经死了，背后被尖刀刺中，流了很多血。从屋内的情况看，应该是她在卧室被人袭击，然后受伤逃到卫生间，从里面锁住了门。然后可能因为受伤或者失血死亡。

警察检查了现场，没有发现什么有价值的线索。这时，一名警察在一个很不起眼的地方发现了一条隐藏的死亡信息。上面注明了凶手是一个姓王的人。

警长问那位警察是在哪里发现的这条线索，警察说："如果你想上厕所的话，你就会发现了。"

你知道这条死亡信息藏在哪里了吗？

107. 不是案发现场

中级　　难度星级：☆☆☆★★　　　知识点：发现细节

甲是个赌徒，他欠下了许多赌债，只好找朋友乙借。到了还钱的期限，甲没有钱还给乙，便产生了杀人的念头。一天晚上，他借口说要还钱，把乙请到家中来喝酒，并事先在酒中放入了安眠药。等乙睡着以后，甲把乙的头浸入准备好的海水中将其溺死。等到半夜时分，他悄悄地将乙的尸体用车运到海边，并拉开死者裤子的拉链，扔到海里，伪装成他站在海边小便，不小心掉入海中淹死的样子。

第二天一早，尸体被冲到了岸上，很快就被人发现并报了警。法医来到现场，检查了一番后，又瞄了一眼死者戴的一块普通的机械手表，得出了以下结论：不是意外，是谋杀。死亡时间大约是昨天晚上8点，这里并非案发现场，是移尸过来的。尸体被扔到海里的时间大约是深夜12点半。

请问法医是如何判断出来的呢？

108. 死去的登山者

中级　　难度星级：☆☆★★★　　　知识点：矛盾的现场

有位猎人在一片大山中偶然发现了一具尸体，于是他马上报了警。警察赶到现场，发现死者是名男性，身穿登山服，背着登山包，还带着登山用的专业工具，看上去像是一个登山爱好者。死者身上除了一些擦伤，没有明显的外伤，死因是饿死。解剖发现肚子里空空如也。初步判断是登山时迷路困于山中，因过于疲劳和饥饿而死。

可是有经验的警长一听马上指出，这一定不是意外，而是谋杀。请问这是为什么？死者到底是怎么死的？

109. 死亡时间

中级　　难度星级：☆☆☆★★　　知识点：发现细节

在运动场上，一名田径运动员在训练的时候，被人从后面用钝器杀死。警察和法医马上赶到现场调查。法医摸了摸尸体，发现还有体温，便下判断说："看来他死的时间不长，不到一个小时。"警察检查了一番后，肯定地说："是的，死亡时间是在 31 分 57 秒之前。"

法医非常惊讶："你不是开玩笑的吧！怎么可能知道如此精确的死亡时间？"

"没开玩笑，你看这个！"说着警察给法医看了一样东西，法医认同了警察的观点。

请问：警察给法医看的是什么？他们认定的死亡时间为什么会如此精确呢？

110. 误伤还是故意？

中级　　难度星级：☆☆★★★　　知识点：唯一合理的解释

汤姆的儿子是个只有 6 岁的小调皮，平时总喜欢用玩具枪和爸爸玩警察抓坏蛋的游戏。见到爸爸下班回家，他便偷偷躲在花园里，向爸爸开枪。爸爸每次都配合他，被打中之后，装着倒在地上。这天，爸爸带着一名生意伙伴回家，快到家的时候，爸爸特意向伙伴介绍了自己儿子的爱好，希望他能够配合一下。生意伙伴欣然同意了。

到了汤姆家门口，儿子真的持枪在恭候他们，只听嘭一声，枪里射出的竟然是真子弹，客人当场惨死。汤姆的儿子还以为是游戏，高兴得不得了。

本来是一场小孩误伤人命的案件，可警察还是将汤姆抓走了，请问这是为什么？

111. 假借据

中级　　难度星级：☆☆☆★★　　　知识点：常识

王涛是一家贸易公司的高层管理人员，正在公司发展蒸蒸日上的时候，他却因为癌症病死了。葬礼后没几天，一位陌生人来到王涛家，对他太太说："我是王涛的生意伙伴，他曾经因业务需要向我借了50万元。现在他死了，这笔钱应该你来还吧。"说着拿出了一张借据。

王太太看了看借据，只见上面写着"因业务需要向XXX借款50万元"，并有丈夫的签名。王太太不假思索地说："对不起，我丈夫从来没有提起过此事。而且你这张借据是假的，你要是继续纠缠的话，别怪我报警了！"

陌生人一听，马上灰溜溜地走了。

你知道王太太是如何发现借据是假的吗？

112. 消失的罪犯

中级　　难度星级：☆☆☆★★　　　知识点：唯一合理的解释

在太平洋一个著名的海滩上，正赶上旅游旺季，如织的游客在兴高采烈地玩耍，享受着惬意的休闲时光。突然，前面一阵骚乱。只见一名光头男子正在追逐一名长发披肩、穿着黑色泳衣的年轻女子。巡逻的警察发现后，马上前去拦截。不多时，就与几名热心游客一起拦下了那名光头男子。男子亮明身份，原来他是一名警察，正在追踪一名吸毒嫌犯。一番耽搁下，那名黑衣女子跑出去好远。

只见她飞快地向海中狂奔，当时游泳的人很多，但是只有她一人穿着黑色泳衣，辨认起来也比较容易。警察立即通知上司，派来大批警力，将附近围个水泄不通。那名嫌疑人却突然在水中消失了。没有任何设备，她不可能在海水中潜水太长时间的。

这究竟是怎么回事呢？

113. 衣柜里的尸体

中级　　难度星级：☆☆★★★　　知识点：发现破绽

有个穷苦出身的人，凭着自己的智慧，在短时间内积聚了许多财富。但不幸的是，他被人谋杀了。几天后，尸体被附近一家别墅的房主在自己家的衣柜里发现了。

警察检查了一下衣柜，除了一些旧衣服和几个樟脑丸外，没有发现别的线索。于是他们向这位房主了解情况，房主说："我是做钢材生意的，生意伙伴中有许多外国人，所以我经常在国外。而我的爱人和孩子也都在国外定居了，这个房子大概有两年没住人了。昨晚我才回来，本打算把一些穿不上的衣服寄去给红十字会。没想到，居然在衣柜内发现了这具尸体。我想，凶手应该对这里的环境很熟悉，我觉得生命受到了威胁，希望你们能尽早查出凶手！"

警方录完他的供词后，又将衣柜检查了一遍，随即逮捕了房主。你知道原因吗？

114. 两份遗嘱

中级　　难度星级：☆☆☆★★　　　知识点：发现破绽

一位富翁死后，突然出现了两份遗嘱，两个受益人带着遗嘱去打官司。其中第一份遗嘱是用打字机打出来的，工整清楚，语言逻辑性强；第二份遗嘱是手写的，字迹很像是富翁的，里面提出否定第一份遗嘱，并且强调是躺在床上仰面写成的，所以上面的圆珠笔字迹有些凌乱。陪审团很多人都认为第二份遗嘱是真的可能性很大，这时有一个律师出来用事实证明第二份遗嘱是假的，你知道他是怎么看出来的吗？

115. 哪个是警察

中级　　难度星级：☆☆☆★★　　　知识点：发现细节

一天晚上，小明走在放学回家的路上，看到前面有两个人背对着自己，并排向前走。仔细一看，发现他们中间的两只手被一副手铐铐在一起。原来是一名便衣警察抓住了一个小偷，怕他跑掉，就和他铐在一起回警察局。可是由于天色昏暗，警察也没有什么明显的标志，分不清哪个是警察哪个是小偷。你能帮小明判断一下到底哪个是警察吗？

116. 说谎的嫌疑人

中级　　难度星级：☆☆★★★　　　知识点：矛盾的现场

一家工厂放在保险箱里的 10 万元现金被盗，警察接到报警很快赶到了现场。

保险箱所在的这间办公室在一楼，后面的窗子被打碎了，碎玻璃溅得满地都是，看来小偷是从这扇窗子跳进来作案的。

警察询问当晚值班的保安："玻璃被打碎了，难道你晚上没有听到声音吗？"

保安回答说："昨晚下了很久的雨，还打了雷，估计小偷是在雷声的掩护下作案的。"

警察点了点头，表示赞同，又问："你有巡逻过现场吗？"

保安说："有的，我每天都是在半夜12点的时候把每个房间巡查一番，并拉上所有的窗帘。昨天我也这样做了，并没有发现任何异样。我想小偷一定是在后半夜作的案。"

警察冲保安冷笑一声，道："你不要狡辩了，你就是那个小偷！"

你知道警察为何会做出这个判断吗？

117．学者之死

中级　　难度星级：☆☆★★★　　知识点：关注细节

著名学者赵教授被人杀死在了家里，现场的一切说明了凶手与被害人很熟悉，但是出于某种原因对被害人暗藏恨意。凶手逃逸时犯了一个错误，没有注意到被害人当时还没有断气。被害人在最后时刻在电话机上留下了神秘的死亡信息：

电话上在案发时刻有两个号码记录，都是拨出的：第一次只留下了一个"8"便挂断了；第二次留下的号码是："121×111"。

警方经过调查，发现有以下四名嫌疑人。

张康，死者以前研究玄学时的伙伴，由于一本书的版权问题对死者怀恨在心。

王田，死者以前的学生，认为死者偏心别的学生，对死者深怀不满。

李谦，死者以前的学生，认为死者盗用了自己的论文成果，曾对朋友声称要进行报复。

赵立，死者的邻居，由于死者将楼下院子擅自改变布置而与死者争吵，结怨越来越深。

以上 4 个人都没有充分的不在场证明。

请试指出凶手。

118. 自杀的假象

中级　　难度星级：☆☆★★★　　　知识点：矛盾的现场

某富翁去海边度假，他租了一间靠海公寓。公寓只有一扇窗和一扇门。几天后，当警察小心翼翼地打开被反锁的门后，发现富翁倒在床上，中弹身亡。警察开始向周围的人了解情况。公寓外卖花的小贩说，富翁在每个星期四晚上都要去他那里买 9 朵红色的玫瑰，几个月来从未间断过，可是这两个星期他都没去。已知富翁买的花都装在一个花瓶里，放在狭窄的窗台上，花都枯萎凋谢了，初步推断富翁已经死去至少 8 天了；房间里的地毯一直铺到离墙角一英寸的地方；在地板、窗台或者地毯上只有一点灰尘，并且只在床上发现了血迹。

根据这些情况，警长判断，有人配了一把富翁房间的钥匙，开门进去，打死了正站在窗边的富翁。然后，凶手打扫了房间，清洗了所有的血迹，再把尸体挪到床上，制造了自杀的假象。警长为什么这么判断呢？

119. 重合的指针

中级　　难度星级：☆☆☆★★　　知识点：逻辑推理

一个人遇到车祸死了，警察向目击证人询问当时的情况。当问及车祸发生的时间时，目击者说：具体的时间我不记得了，当时只是瞄了一下手表，发现表的时针和分针重合在一起。

问题来了，我们都知道手表在 12 点整的时候，时针和分针是重合在一起的。你知道除此之外两枚指针在 12 小时之内要重合几次吗？它们分别在什么时候重合呢？

120. 加法与乘法

中级　　难度星级：☆☆☆★★　　知识点：奇数与偶数

明明去一家商店买东西，他挑选了四件小商品，其中有一件只要 1 元钱，他在心里算了一下，总共 6.75 元。准备付钱时，明明发现店主用计算器算价时按的不是加法键，而是乘法键！他正准备提醒店主时，奇怪地发现，计算器算出的数字也是 6.75 元。店主没按错数字。那么，你知道这四件小商品的单价各是多少元吗？

121. 审狗破案

中级　　难度星级：☆☆☆★★　　知识点：发现细节

有一对穷苦的姐妹相依为命生活，一天姐姐前来报案说妹妹被杀。

事情是这样的：当天傍晚，天刚黑下来，姐姐从地里干活归来，准备给在家的妹妹做饭。刚进院门，就迎面冲出一个光着上身的男子。姐姐连忙阻拦，两人厮打起来。姐姐抓了对方几下，最终因对方力气较大，让他逃走了。姐姐进屋一看，发现妹妹死在了屋中。

因为天色已晚，姐姐并没有看清男子长相。姐妹俩还养了一只大黄狗看家，可是案发当日黄狗并没有叫。

于是，县官贴出告示，称第二天要公开审问黄狗。

第二天，来了很多想看热闹的人，县衙被挤得水泄不通。县官先将老人、小孩、妇女赶出去，又命剩下的人脱掉上衣，逐一查看，发现一个人背部有两道红印子。经过审讯，此人正是杀害妹妹的凶手，街坊张三。

你知道县官是如何做到的吗？

122. 车牌号码

中级　　难度星级：☆☆☆★★　　知识点：发现细节

一天清晨 5 点左右，一位过马路的女子被一辆疾驰而过的汽车撞倒在地。

司机见附近没有什么人，便没有救援，逃逸了。被撞的女子仰面朝天倒在地上，不久后被另一辆经过的汽车司机送往医院。可她由于伤势过重，只说了车牌号是 8961 就死了。

警察很快找到了那辆牌号为 8961 的汽车，却发现它前段时间出了故障，这几天一直在修理厂，根本无法外出。

这到底是怎么回事呢？

123. 汽车抢劫案

中级　　难度星级：☆☆☆★★　　知识点：发现破绽

一天深夜，王刚下班开车回家。在一条偏僻的小路上，突然前轮两个车胎被扎破了。当王刚下车察看轮胎的时候，从旁边的丛林中跳出了四个蒙面大汉，他们把王刚身上的所有钞票和值钱的东西洗劫一空后，逃跑了。王刚只得步行向前而去。走了不久，前面有一个加油站。王刚对那里的加油员说自己刚被抢劫，希望能帮他报警，并再买两个新轮胎。加油员答应了他的请求并帮他打电话报警。

过了一会儿，警察来了。王刚向警察描述了被劫的经过，他的车子也换上了新轮胎。警察走到加油员面前说，你就是劫匪。

你知道警察为什么这么快就断定加油员是劫匪吗？

124. 曹操的难题

中级　　难度星级：☆☆★★★　　知识点：计算法

官渡之战，曹操和袁绍对峙数月，曹操的粮草渐渐不支。依照曹军 20 万人来算，他还可以支撑 7 天。第二天张辽带着大批人马来援助曹操，两队人马合在一起，曹操一算，现在的粮草还能支撑 5 天。

那你知道张辽带来了多少人吗？

125. 迪拜塔

中级　　难度星级：☆☆☆★★　　知识点：计算法

迪拜塔是现在世界上最高的建筑，一共有 162 层。迪拜市长想要组织一次迪拜塔爬塔比赛，第一个从楼梯爬到楼顶的人可以在其中的豪华酒店免费住三晚。最终参赛者有三个人：约翰在 10 分钟内能从 1 层爬到 20 层；查理在 5 分钟内能从 1 层爬到 10 层；史密斯在 20 分钟内能从 1 层爬到 40 层。问：他们能否打成平手？如果不是，谁先爬完迪拜塔？

126. 半夜异响

中级　　难度星级：☆☆☆★★　　知识点：常识

一天夜里，一位失眠的老画家在家里听到了异常的声音。第二天起床后，他发现家里丢了一幅名贵的画作，于是马上找来了侦探。侦探询问发生异响的具体时刻，老画家回忆道："我也不知道是什么时候，先是听见钟敲了一下，然后过了一阵又敲了一下，再过了一阵又听到钟敲了一下，就在这时候听到了一声异响。"已知老画家家里的钟在整点的时候会报时，时间到几点钟就敲几下，并且每到半点时也敲一下。你能推出昨夜发生异响的时刻吗？

127. 司令的命令

中级　　难度星级：☆☆★★★　　知识点：计算法

司令带兵出征，给粮草官留下命令：如果刘军长来借粮，由于他是自己人，可把粮草 2/3 给他，自己留 1/3；如果张军长来借粮，因为他是盟友，给他 1/3 粮草，自己留 2/3。结果刘军长和张军长同时来借粮，粮草官怎么分配才不违背司令的命令呢？

128. 强劲的对手

高级　　难度星级：☆★★★★　　知识点：几何知识

黑猫警长有一个强劲的对手"飞毛腿"，这只老鼠奔跑的速度十分惊人，比黑猫警长还要快，几次都被它逃脱了。

一次偶然的机会，警长发现"飞毛腿"在湖里划船游玩，这可是一个很好的机会。这个圆形小湖半径为 R，"飞毛腿"划船的速度只有黑猫警长在岸上速度的 1/4。黑猫警长沿着岸边奔跑，想抓住要划船上岸的"飞毛腿"。

请问，这次"飞毛腿"还能不能侥幸逃脱呢？

129. 破绽

中级　　难度星级：☆☆☆★★　　知识点：常识

夏天的中午，天气很热，一位富商要在广场上举行慈善演说活动。这位富商颇受争议，据说有人还扬言会在现场对他不利。于是富商找来了私家侦探，帮助他找出想危害自己的人。

广场上人来人往，十分热闹。侦探观察了一下周围的环境，指着一位正在旁边花坛里浇花的园丁对警察说："他就是犯罪嫌疑人。"

你知道侦探是怎么分辨出来的吗？

130. 小偷的破绽

中级　　难度星级：☆☆★★★　　知识点：发现破绽

深夜，小偷撬开了一户人家的大门，发现屋子的主人可能去长途旅行了，短时间不可能回来，便放心大胆地开始行窃。他先大摇大摆地开了灯，细心地翻遍了所有的抽屉、文件柜、保险箱。临走前他还不忘把自己摸过的所有地方都细心地用布擦了一遍，最后关上房门离开了。

他心想直到屋主回来之前都不会有人知道家里被盗，可是没想到刚走出没几步就被警察抓到了。你知道这是为什么吗？

131. 嫌疑人的破绽

中级　　难度星级：☆☆☆★★　　知识点：发现破绽

某地警方接到线人的可靠消息，一个迪厅里有人在进行赃物交易，警方立即出动抓捕犯罪嫌疑人，却没有抓到他们的头目。后来有匿名人举报说，犯罪集团的头目藏匿在一栋豪华别墅里。警方派出便衣，监视这栋别墅，发现房子里面的情况如下：一位老绅士，他除了早晚在房子外打太极拳，整天都待在屋里；照顾老人饮食的厨师，他每天骑着自行车定时定点地采购，先去菜市场，再去调料店，最后去水果店，经常大包小包；还有一个管家，有时也会出来买些东西，但看不出有不良的迹象。警员们通宵地分析，终于功夫不负有心人，警员们从表象上的线索发现了犯罪嫌疑人的破绽，一举破案。你能猜出谁是犯罪集团的头目吗？

132. 凶手的破绽

中级　　难度星级：☆☆★★★　　知识点：发现破绽

一个富翁死在自己家中的卧室里，警察来到现场调查，发现死者背后中枪致死，是罪犯在近距离杀死的。死者的家布置得非常豪华，整间卧室都铺着名贵的羊毛地毯，墙上挂着几幅名家的画作。死者穿着睡衣倒在床旁边，手中还握着一台手机，像是死前正在跟谁通话。

报案的是死者的妻子，她说：“当时我正在逛街，并用手机给老公打电话，突然听到话筒里传来一声枪响，紧接着就是丈夫的呻吟声和凶手逃走时慌乱的脚步声。我意识到出事了，就报了警并赶了回来，发现他已经死了。”

警察听完她的供述，冷笑一声说：“我看你还是老实交代你为什么要杀死你的丈夫吧！"

你知道警察从哪里发现了凶手的破绽吗？

133. 猎人的朋友

中级　　难度星级：☆☆★★★　　知识点：逻辑关系

猎人住在森林里的时间长了，常常不知道当天是星期几。他在森林里有很多动物朋友，他有时会向它们询问日期。

狐狸每逢星期一、二、三说谎，其他的日子讲真话；灰熊则和狐狸不同，每逢星期四、五、六说谎，别的日子讲真话。

有一天，猎人遇见狐狸和灰熊在树下休息。它们作了如下的陈述：

狐狸：昨天是我的撒谎日。

灰熊：昨天也是我的撒谎日。

从这两个陈述，猎人能推出当天是星期几吗？

有一天，猎人跟狐狸单独相遇了。狐狸说了下面的两句话：

（甲）我昨天撒谎了。

（乙）我大后天还要撒谎。

当天是星期几呢？

134. 凶手的破绽

中级　　难度星级：☆☆★★★　　知识点：发现破绽

古时候，苏州有个商人名叫贾斯，他经常外出做生意。这一天晚上，他雇好了船夫，约定第二天在城外寒山寺上船出行。

第二天，天还未亮，贾斯便带着很多银子离家去了寒山寺。当日光已照在东窗上时，贾斯的妻子听到有人急急敲门喊道："贾大嫂，贾大嫂，快开门！"贾妻开门后，来的正是船夫，他开口便问："大嫂，天不早了，贾老板怎么还不上船啊？"

　　贾妻顿感慌张，随船夫来到寒山寺，只见小船停在河边，贾斯却失踪了。贾妻到县衙门去报案，县令听了她的诉说后，便断定杀害贾斯的人是船夫。

　　你知道这是为什么吗？

135. 被揭穿的谎言

　　中级　　难度星级：☆☆☆★★　　知识点：发现破绽

　　这是一个气温超过34℃的炎热夏天，一列火车刚刚到站。女侦探麦琪站在月台上，听到背后有人叫她："麦琪小姐，你要去旅行吗？"叫她的人是和她正在侦查的一件案子有关的梅丽莎。"不，我是来接人的。"麦琪回答。"真巧，我也是来接人的。"梅丽莎说。说着，她从手提包里掏出一块巧克力，掰了一半递给麦琪："还没吃午饭吧？来，吃点巧克力。"麦琪接过来放到嘴里。巧克力硬邦邦的，很好吃。这时，麦琪突然想到什么，厉声对梅丽莎说："你为什么要撒谎，你分明是刚刚从火车上出来，为什么要骗我说你也是来接人的？"梅丽莎被她这么一问，脸色也变红了。但她仍想抵赖，反问说："你怎么知道我刚下火车？你看见的？""不，我没看见，但我知道你在撒谎。"麦琪自信地说。

　　为什么麦琪断定梅丽莎在撒谎？

136. 忽略的细节

中级　　难度星级：☆☆★★★　　知识点：关注细节

刑侦专业的学生们去听一位在刑侦领域潜心研究了几十年的专家的报告。专家为了测试这群学生的专业素养如何，是否可以做到明察秋毫，特意给他们讲了一个故事。学生们对这个挑战十分兴奋，专心致志地听着每一个细节，因为任何地方都有可能隐藏着陷阱。

故事是这样的：猎人到森林里打猎，他带着三只猎狗，十分凶悍。走着走着，他们遇见了一只土拨鼠。猎人放开猎狗，让它们去追土拨鼠。土拨鼠为了逃生，拼命向前跑，而猎狗则在后面咆哮着追赶。后来到了一片林子，土拨鼠嗖的一下钻进了一个树洞。树洞太小，体型庞大的猎狗只好等在外面。猎狗却突然发现从树洞另一边出来一只兔子，于是猎狗们便放弃了土拨鼠，改去追兔子。兔子逃生的本事也不差，一蹦一跳地跑开了。后来兔子发现实在无法摆脱紧追不舍的猎狗，便爬上了一棵大树。猎狗们上不去，只能在树下狂吠。但是兔子没站稳，一下子从树上掉了下来。无巧不成书的是，它正好砸在猎狗们的头上，三只猎狗被砸晕了，于是兔子便成功地逃脱了。

讲完故事，专家问："同学们，这个故事有哪些情节是不合理的？"

同学们开始议论纷纷，有的说："猎人根本不会因为一只土拨鼠就把猎狗放出去，这样太不值得了，在逻辑上根本就讲不通。"

还有的说："兔子不可能会爬树，这是扯淡。"

有的说："就算它会爬树，从树上掉下来，才多大的身子，怎么可能把三只猎狗都砸晕呢？砸晕一只都算是那只狗倒霉到极点了。"学生们哄堂大笑。

"没错，"专家首先肯定了同学的答案，然后又问道，"这些都是这个故事不符合情理的部分，那么你们还有没有什么新发现。"

学生们面面相觑，仔细想着，却没发现还有什么不妥当的地方。

聪明的读者，你知道还有什么地方不妥当吗？

137. 聪明的侦探

中级　　难度星级：☆☆☆★★　　知识点：关注细节

夏季的一天，女盗莉娜乔装改扮，混进珠宝拍卖会场，盗出 2 颗大钻石。一回到家，她马上将钻石放在水里做成冰块，放在了冰箱里。因为钻石是无色透明的，所以藏到冰块里，万一有警察来搜查也不易被发现。

第二天，矶川侦探来了。"还是把你偷来的钻石交出来吧。珠宝拍卖现场的闭路电视已将化装后的你偷盗时的情景拍了下来，虽然警察没看出是你，但你瞒不过我的眼睛。"矶川侦探说。

"如果你怀疑是我干的，就在我的家搜好了，直到你满意为止。"莉娜若无其事地说，"今天真热呀，来杯冰镇可乐怎么样？"

莉娜说着从冰箱里拿出冰块，每个杯子放了 4 块，再倒上可乐，递给矶川侦探一杯。她将藏有钻石的冰块放到了自己的杯子里，即使冰块化了，在可乐里面也看不出来，莉娜暗自得意着。

矶川侦探看了一眼莉娜的杯子。"对不起，能和你换一下杯子吗？我想尝尝放了钻石的可乐是什么味道。"

冰块还没融化，矶川侦探是怎么看穿莉娜的可乐杯子里藏有钻石呢？

138. 巧妙报警

中级　　难度星级：☆☆☆★★　　知识点：关注细节

一天晚上，李利女士一个人在家，突然闯进一名陌生男子，正是前几天电视上通缉的抢劫犯。李利很害怕，劫匪说："我只是想在你家中休息一下，喝口水。如果你不宣扬，我是不会伤害你的。"李利只得点了点头。

突然有人敲门，劫匪用枪指着李利，说："不要让他进来，就说你已经睡下了。"

李利打开门，一看是例行检查的片警小王，就笑着说："原来是小王啊，有事吗？"

小王说："只是例行检查而已。你这没事吧？"

李利说道："没事！我都已经睡下了。我哥向你问好呢！"

"哦，谢谢。晚安！"片警小王离开了。

"哈哈，干得不错！"劫匪看来的人走了，放下心来。他一个人到冰箱中拿出一瓶可乐，躺在沙发上大口喝了起来。

突然，从阳台的门里冲出来几名警察，没等劫匪反应过来就抓住了他。

你知道警察是怎么知道这里有劫匪的吗？

139. 钥匙上的指纹

中级　　难度星级：☆☆★★★　　知识点：发现细节

张三被发现死在自己的卧室里，卧室的门窗都从里面锁住，门的内侧钥匙孔中插着一把钥匙。警察调查发现，钥匙的把手表面和背面各有一个清晰完整的螺旋形指纹。对比后发现是张三的。也就是说，门是死者自己从里面锁上的。这样就形成了一个密室，由此可以断定张三很可能是自杀。

你能看出来以上结论有什么问题吗？

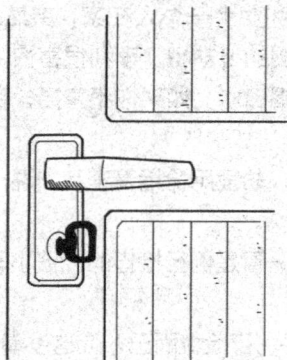

140. 并非自杀

中级　　难度星级：☆☆★★★　　知识点：发现破绽

　　某商业巨子发现妻子对自己不忠，要与其离婚。妻子情急之下，用大量安眠药杀死丈夫，并把现场改造成自杀的样子。妻子首先找出丈夫前几天的体检单，上面显示有胃癌早期的症状，把它放在丈夫办公桌的抽屉中。接着她又用丈夫的私人笔记本电脑打了一份遗书，称自己被查出患有癌症，轻生厌世，自杀身亡。最后把丈夫的尸体搬到办公桌前的椅子上，并在旁边摆上药瓶和水杯。为了毁灭证据，她还不忘用干净的布把留有自己指纹的笔记本电脑上的每一个按键都擦得干干净净。本以为毫无破绽，可很快就被警察发现了问题。

　　你知道她究竟错在哪里了吗？

141. 吹牛的将军

中级　　难度星级：☆☆☆★★　　知识点：发现破绽

　　有一个经历过第一次世界大战的将军，逢人便吹嘘自己在战场上多么英勇，立下多少赫赫战功。

　　每当有人去他家中，他就会自豪地给他们说起自己在浴血奋战年代的光辉历史，还拿出一枚英女王亲自颁发的金质勋章，上面刻着如下内容。

> 铁血英雄：颁给在第一次世界大战中战功赫赫的盖特将军
>
> ——伊丽莎白 1917

他解释说，那是他在欧洲战场上的一次著名战役后获得的。他带领一个师，在十四天内击溃了敌人三个师的猛烈进攻。死伤虽然惨重，但有效地阻止了敌人的汇合，为我军增援部队的赶到争取了时间。这一战决定了协约国的最后胜利。

一次一位朋友一眼就看出了这个故事并不属实，你知道哪里出了问题吗？

142. 揭穿谎言

中级　　难度星级：☆☆☆★★　　知识点：发现破绽

狂风大作，一艘客轮在海上航行。珠宝商王先生从甲板回到房间，发现一颗价值不菲的钻石不翼而飞了，于是报了警。警察开始对船舱逐一搜查。隔壁船舱里是一个自称大学教授的人，他的桌子上放着一沓稿纸。当警察询问他的时候，他自称一晚上都在写作。警察发现稿纸上的字写得整齐秀丽，便当众揭穿了他的谎言。经过搜查，果然找到了昂贵的钻石。这位自称大学教授的人就是窃贼。

请问：警察是根据什么确定大学教授说谎的呢？

143. 一坛大枣

中级　　难度星级：☆☆☆★★　　　知识点：发现破绽

古时候，有个无亲无故的年轻人要进京赶考。带着大量银子在身边不安全，他便把所有家当装在一个大坛子里，说是一坛大枣，寄放在邻居家中。一晃三年过去了，年轻人还没回来。邻居认为年轻人在路途中发生了意外，便私自打开了坛子。看到里面白花花的银子，邻居将其全部占为己有，并把大枣装了进去，重新封好。哪知没过多久，年轻人竟然回来了，并找邻居取回了坛子。回到家中，年轻人打开坛子一看，竟然全是红红的大枣，便找邻居理论，说自己放的是银子。邻居不承认，说本来就是红枣。争执不下，年轻人告到了官府。县官听完两人的诉说之后，马上认定邻居说谎，并判其赔偿年轻人银两。你知道县官的依据是什么吗？

144. 吹牛

中级　　难度星级：☆☆☆★★　　　知识点：发现破绽

一天，小明向一群人讲述自己的冒险经历：那天，我一个人驾驶帆船出海。不料突然发动机坏了，我一个人停在大海中间，而且一点风都没有，也没法利用船帆前行。没办法，我只好找了一块白布，咬破手指，写下了"SOS"，挂在桅杆上。幸好过了半天时间，有一艘船从附近经过，把我救了下来……

说到这里，一位在旁边默默听他讲述的年轻人说道：你在吹牛。你知道年轻人为什么这么说吗？

145. 越狱

中级　　难度星级：☆☆☆★★　　　知识点：唯一合理的解释

一位国际间谍被判终身监禁，关在一所监狱中，监狱为其安排了一间带有卫生间的单人牢房。牢房里的条件不错，有床，有书桌，还有淋浴和抽水马桶。可是两年后的一天，狱警发现他越狱逃跑了，并在床下发现了一条长达 20 多米的地道。据估算，这条地道需要挖出的土将近 10 吨。可是狱警在牢房里一点土都没有发现。当然间谍没有靠别人从外面帮忙。你知道那些土哪里去了吗？

146. 怪盗偷邮票

中级　　难度星级：☆☆☆★★　　知识点：常识

怪盗把邮票展上展出的一枚价值连城的珍贵邮票偷走了，侦探小五郎马上开始追踪，跟随基德来到一家旅馆，见基德钻进了其中一间房间。小五郎上前敲门，怪盗打开房门："原来是小五郎先生啊，找我有事吗？"

"少装蒜，快把你偷来的邮票交出来吧。"小五郎直截了当地说。

"别生气嘛！你随便搜好了，我这里根本没有什么邮票。"怪盗挥挥手，轻松地说。

小五郎环顾一下四周，这个房间不大，家具也很简单，除了开着的电视机和上面不停旋转的电风扇外，没有什么电器。按说能藏东西的地方也不多，为什么怪盗能够如此坚信对方搜不出赃物呢？你知道怪盗把赃物藏在哪里了吗？

147. 惯偷

中级　　难度星级：☆☆☆★★　　知识点：发现破绽

在人群熙攘的火车站出站口处，一位丢失了旅行箱的旅客，偶然发现自己的旅行箱竟然被另一名年轻人拉着往外走。他马上追过去，问道："这个箱子是我的，你怎么拿着我的旅行箱？"

年轻人愣了一下，然后马上说："不好意思，我拿错了。"说完将箱子还给了那名旅客，然后继续往前走。

这一切都被在旁边巡逻的民警看在眼里，他马上意识到什么，于是上前盘查。果然，年轻人是一个经常趁人多的时候偷别人旅行箱的惯偷。

　　你知道警察是怎么看出来的吗？

第四章

不可能案件

不可能案件也叫不可能犯罪，原为刑侦词汇，指的是在表象和逻辑上都不可能发生的犯罪行为。

不可能案件在推理小说界有着广泛的表现，在《莫格街凶杀案》《黄屋奇案》等小说作品中均有体现。

常见的不可能案件分为以下几种。

第一种：密室杀人

密室杀人在推理小说或侦探漫画中经常出现。密室杀人就是在一个门窗从内锁住形成的封闭空间内进行犯罪，凶手进不去也出不来。一般是通过制造某种机关得以实施。

第二种：不在场证明

不在场证明就是犯罪发生时某人或凶手在其他地方，看似凶手没有机会犯罪，但凶手已经使用某种手段为自己制造不在场证明。

第三种：无足迹杀人

无足迹杀人就是在沙滩或雪地的案发现场只有尸体，没有脚印或者只有被害人自己的脚印，怎么看凶手都没有下手的机会。

第四种：不可能消失（凶手、凶器、尸体）

（1）凶手消失就是凶手在杀完人后被大家看见，然后凶手跑进一个房间并关上了门，等大家把门撞开后发现凶手不见了，窗户也是从里面锁上的。

（2）凶器消失就是在没有窗户的情况下，在一个密闭的空间里，凶手用凶器杀完人后在没人出去的情况下凶器消失不见了。

（3）尸体消失就是在一个密闭的房间里发现了尸体，关门报警等警察来处理，等再次开门来到现场，发现尸体消失了。

第五种：不可能尸体位置

不可能尸体位置就是尸体出现在了一个不可能出现的地方。例如在一个学校附近有一根废弃的电线杆，电线杆和学校的距离有20米，有几个同学因为下雨在学校躲雨（以他们在躲雨时的视角看不见电线杆上）。下雨前是没有尸体的，雨停后发现一具尸体在电线杆上。在下雨期间没有人看到有人用梯子把尸体运上去。那尸体是怎样运上去的？这就是不可能尸体位置。

第六种：不可能坠落

不可能坠落就是在一望无际的草原上或学校足球场上有一具尸体从天上坠落下来，周围没有高大的建筑物，天上也没有飞机飞过，尸体是如何坠落下来的呢？

第七种：瞬间移动杀人

瞬间移动杀人就是你和你朋友在火车上聊天，突然火车进入了一条隧道，周围一切都陷入了黑暗。过了一会儿，火车出了隧道，你的朋友已经死在了隧道里面。

第八种：双重或多重不可能犯罪

双重或多重不可能犯罪就是由两种或多种不可能犯罪手法相结合，形成的多重不可能犯罪。

当然，这些所谓的不可能案件最后都发生了，只是运用了一些非常规的手段。我们在解决类似问题的时候，就要突破常规，从其他角度另辟蹊径，才能发现事情的真相。

148. 曝光的底片

中级　　难度星级：☆☆☆★★　　知识点：常识

侦探小五郎派助手去跟踪一个小偷，拍摄下他们赃物交易的证据。经过十几天昼夜不断的努力，助手终于完成了任务。就在返回的途中，在旅馆里，助手突然咳嗽起来，到了医院怀疑是肺结核，需要拍Ｘ光确认。没办法，助手只好去照Ｘ光。结果显示肺部没有什么问题，应该只是普通的感冒。助手放下心来，马上赶回侦探事务所向小五郎交差。可是当小五郎拿到底片的时候，却发现底片全部曝光了。

这到底是怎么回事呢？是助手拍摄的时候疏忽了，还是之后什么时候不小心把底片曝光了呢？

149. 驯兽师之死

中级　　难度星级：☆☆★★★　　知识点：常识

杰克是马戏团的一名驯兽师，他最擅长的表演是把自己的头放在狮子的口中。这种既惊险又刺激的节目总是能吸引大量观众。他和狮子已经合作过很多次了，从没有失误过。

然而有一天，当杰克表演这个节目的时候，狮子却出乎意料，一口咬碎了他的头。

当然，在表演前，狮子已经吃了很多肉，不可能因为饥饿发生这种事情。

你知道到底是什么原因吗？

150. 暗杀

中级　　难度星级：☆☆★★★　　知识点：唯一合理的解释

一名杀手 A 奉命去暗杀另一名杀手 B，大家都是职业杀手，所以要格外小心，因为很难知道到底鹿死谁手。杀手 A 调查到 B 住在某五星级酒店的一个房间内，于是赶了过去。A 在门口敲了敲门，他知道 B 肯定会从门上的窥视窗向外看到自己的。就在这时，从窥视窗的位置射出了一颗子弹。杀手 B 打开门观察情况，门刚开一条小缝，就被门口的 A 一枪杀死了。

明明 B 在屋内有更多的机会，为什么还是被 A 暗杀了呢？

151. 何种手段

中级　　难度星级：☆☆★★★　　知识点：唯一合理的解释

一天夜里，一位女士拨打了报警电话，称自己的男朋友死在了浴缸里。警察马上赶到现场。死者居住在一栋 20 层高的大厦的顶楼，这天正好赶上停电，警察不得已，只好爬楼梯上楼，等到了 20 楼，大家都已经有些气喘吁吁了。

死者是一名青年男士，他的女朋友，也就是报案人介绍说："今天我和男朋友一起去酒吧喝酒，我们都喝了不少，回来的时候又赶上电梯停电，只好走上楼。到家不久，他说浑身是汗要洗澡，不久就死了。"

"爬了20层楼，又喝了大量的酒，引起心脏停搏也是理所当然的事情，看来这是一场意外事故。"一名警察判断说。

但是，不久法医在解剖尸体时发现死者的胃里有安眠药的成分。"看来这是一件巧妙的谋杀案。"警长说道。经过调查果然是谋杀，凶手就是死者的女朋友。

你知道她是如何杀死自己的男朋友的吗？

152. 凶器是什么？

中级　　难度星级：☆☆☆★★　　知识点：唯一合理的解释

在一间青年旅馆中，服务员听到一间客房中的两名住客在打架，便报了警。警察随即赶到，发现其中一名男子已经死了，是被钝器砸在头上致死的。另一名男子蹲在旁边一声不吭，像是受了很大的刺激。警察找遍全屋也没有找到像是凶器的东西，而且窗户也是全封闭的，根据服务员的口供，也没有人从房门出来过。

最后，警察从床边的垃圾桶里发现了一个手掌大小的鱼罐头盒，拿在手中掂了掂，很轻，想用它杀死人难度很大。

请问，你知道到底凶器是什么吗？它跑哪去了？

153. 不在场的证明

中级　　难度星级：☆☆☆★★　　知识点：唯一合理的解释

独自一人居住在一栋豪华公寓的张小姐被发现死在自己的床上，死因是煤气中毒。有人将一根塑料管接在了煤气阀上，并打开了阀门。一起被毒死的还有她的宠物猫。奇怪的是公寓的门窗都是从内部锁好的，也就是说这是个标准的密室杀人案。按理说，在这种密闭的房间内，打开煤气阀后，不到 30 分钟就可以让人死亡。而这段时间内，唯一的嫌疑人却有充分的不在场证明。你知道他到底是怎么做到的吗？

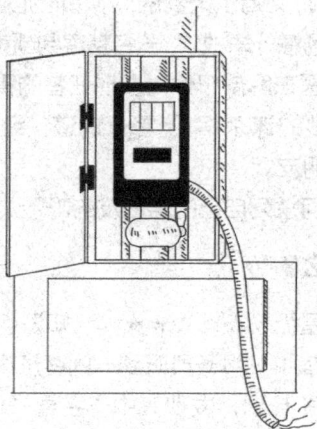

154. 遗作

中级　　难度星级：☆☆★★★　　知识点：发现破绽

有人在拍卖一幅名画家的遗作，价格标到 300 万美元。据说这幅作品是该知名画家在和朋友旅行时，遇到暴风雪，连续几天温度都在零下 30℃左右。画家受了伤，而且随身携带的所有物品都丢失了。最后，画家在朋友的帮助下终于找到了一间废弃的小木屋，两个人躲在木屋里，用唯一的一副手套堵住了窗子上的破洞。画家的伤越来越重，预感将不久于人世，为了报答忠实的伙伴，他在木屋的小柜子里找来一支旧钢笔和一小瓶墨水，为朋友画了最后一幅素描，不久就死去了。

大侦探小五郎听到这里，马上断定这幅画一定是假的。你知道小五郎是怎么看出来的吗？

155. 浴缸里的死尸

中级　　难度星级：☆☆★★★　　知识点：发现破绽

一天晚上 11 点，警察局接到报案，报案人称自己新婚不久的妻子死在浴缸里。警长马上前去现场调查。报案人是一家外企的主管，他介绍说，自己今天加班，于是在晚上 9 点的时候给妻子打电话，妻子在浴室接了电话，说自己正在放水洗澡，让他过半个小时再打回来。过了一个小时，当他再往家里打电话的时候，却没人接。又过了大约 30 分钟，再一次打电话，家里依然没人接。他有点担心，便匆匆赶回家，一进浴室就发现妻子死在了浴缸里。

警长查看案发现场，鲜血已经把满是肥皂泡的浴缸水染红了，浴缸边有一个半满的啤酒瓶，还有一台手机，上面有两个未接电话，正是报案人打来的两次。

警长想了想，对报案人说："你在撒谎，凶手就是你！"

你知道警长发现了什么关键线索吗？

156. 消失的案犯

中级　　难度星级：☆☆☆★★　　知识点：唯一合理的解释

警察追踪两名罪犯，发现到了一个悬崖边上时，脚印突然不见了。只见对着悬崖方向有两排不同的脚印，正是两名罪犯所穿的鞋子留下来的。但是没有返回的脚印，这怎么可能呢？难道两个人从悬崖掉下去了？这个悬崖又高又陡，掉下去必死无疑。

你知道两名案犯是如何布置的这一切吗？

157．不在场证明

中级　　难度星级：☆☆★★★　　知识点：唯一合理的解释

一家珠宝店打电话报警说两名歹徒抢了数百万的珠宝后，刚刚乘坐一辆黑色"本田"车逃跑，并告诉了警察车牌号码。

警察马上开着警车向距警察局大约 5 千米的案发现场赶去。刚出警察局的大门，就差点撞到一辆在路上缓慢行驶的汽车。对方马上下车向警察赔礼道歉，警察一看这辆车，发现有什么不对：本田，黑色，连车牌号也同刚才报案的车牌一致。可从这里到案发现场还有一段距离，劫匪不可能在这么短的时间赶到这里。这究竟是怎么回事呢？

158．消失的杯子

中级　　难度星级：☆☆☆★★　　知识点：唯一合理的解释

初冬，外面有一点点冷，小明穿着一件厚外套，围着一条毛线编成的围巾来到好朋友小刚家。

"好久不见了，我们喝点啤酒吧！"小刚很热情，拿出了两个带柄的玻璃杯。可打开冰箱一看，啤酒喝光了。"稍等一下，我下去买。"

小刚来到楼下常光顾的小店，叫了一打啤酒，又选了几样下酒的零食，十几分钟后就回到了家。正要倒酒，却发现酒杯不见了。"咦，刚才还在这儿的！"

"哈哈，趁你刚才买啤酒，我把它们变到了楼下，你上来时没看到吗？"小明打趣道。

"怎么可能？你又没有下楼。就算你直接从窗子往下扔，也会摔碎的，这可是九楼啊！"可小刚从窗口往下一看，发现楼下的空地上有两个闪亮亮的东西，可不正是家里的酒杯嘛！

你知道小明是怎么把两个玻璃酒杯在没下楼的情况下完好地转移到楼下的空地上的吗？

159. 审问大树

中级　　难度星级：☆☆☆★★　　知识点：发现破绽

从前，有个年轻人父母早亡，自己一个人生活。一年，官府要求他去服兵役。年轻人便把家中所有财产———锭金子交给邻居保存。三年之后，年轻人兵役到期回家，打算找邻居拿回金子。可是邻居不承认，说没有这回事。无奈，年轻人将邻居告上官府。县官当面审问年轻人的邻居，可是他矢口否认。年轻人大喊："难道你忘记了吗，我在一棵大树下面把那锭金子交给你的，你还说要写个收据给我，我没要。"

邻居矢口否认，说是没有的事。

县官说："那好，现在我们只有去找那棵树做证人了。"说完便叫一名衙役带着年轻人去找那棵大树求证。

过了半个小时，县官看了看太阳，又看了看邻居，说："这么久了，他们应该到了吧。"

邻居说："还到不了。"

又过了1个时辰，县官说："他们应该往回走了吧。"

邻居道："喂，是该往回走了。"

又过了一会儿，衙役带着年轻人回来了。可是年轻人哭丧着脸说："老爷，大树不会说话，怎么给我作证啊！"

县官笑着说："它已经做完证了。"

说着就判邻居交出金子并赔偿年轻人一定的利息。

你知道县官是怎么知道邻居贪钱的吗？

160. 作案地点

中级　难度星级：☆☆★★★　知识点：发现破绽

一个星期日的早上，著名职业棒球评论家宫原正彦的尸体在其私宅的书房里被发现。他因胸部中了两发手枪子弹而死亡。因其一人独居，所以尸体是早上佣人来时发现的。山田警部赶到现场时，鉴定班的现场勘查工作已经结束。

"近邻的人没有听到枪声的吗？"

"没有。这个书房的玻璃窗是双层的，所以我想枪声没有传到外面。"旁边的鉴定人员答话时，挂在书房墙上的鸽子报时钟咕、咕、咕地响了，把山田警部吓了一跳。挂钟上的鸽子从小窗中探出头报了 10 点。

"死亡的时间知道了吗？"山田警部向鉴定人员询问道。

"是昨晚 9 点 03 分。"

"没解剖尸体怎么知道得这样准确？"

"我们到这儿时，收音机正开着，录音键也按着。将磁带转到头一放，录的是昨天巨人队和阪神队决赛的比赛实况。"鉴定人员按了下桌上录音机的放音键，里面传出了比赛实况的转播声。这是第八回合的下半场，巨人队进攻，以 3 : 2 领先。当投球到一垒、二垒时，观众谴责故意投出的两次坏球的喊声沸腾。

就是在这个时候，磁带中突然传出两声枪响，还听到有呻吟声。然而，实况转播丝毫没受到这一不和谐的枪声影响，仍旧在进行着。结果，选手王故意投出了四次坏球，为阪神队的投手所代替……

山田警部一边看着手表一边听着。鉴定人员关上录音机说：

"是在选手王投四次坏球前传出的枪声。刚才打电话问过广播电台，得知选手王投四次坏球的时间是昨晚 9 点 03 分。"

"的确……"

"电视的比赛转播是 8 点 54 分结束的，所以在那之后受害人马上换上了收音机，就是在边听边录实况转播时被枪杀的。"鉴定人员这样说明道。

"不，受害人不是在这个书房而是在别处被杀的。"山田警部肯定地说道。

"你说什么？为什么？"

"受害人是在别处录收音机转播的实况时，凶手枪杀受害人的，而且不光是将尸体，还将这台录音机也一块儿搬到这个书房里，伪装成是在这儿被杀的。"

你知道这是为什么吗？

161. 假照片

中级 **难度星级：** ☆☆☆★★ **知识点：常识**

小明向同学们吹嘘，自己暑假的时候去了一座 4000 米高的山峰，并展示了一张照片作为证据。只见照片上小明和朋友在一座山顶上，举着刚打开的易拉罐啤酒庆祝。

这时，小刚说："你这张照片是合成的，你根本没有去 4000 米高的山上爬山。"

你知道，这张照片什么地方不对吗？

162. 撒谎的凶手

中级 **难度星级：** ☆☆☆★★ **知识点：常识**

一个男子报案说有一名歹徒袭击他，出于正当防卫，他将歹徒打死了。警察赶到现场，发现死者手中握着一把匕首，脖子缠着几圈钓鱼线。男子说："当时我正在池塘钓鱼，透过水面我看到他在我背后拿着匕首向我靠近，要对我不利。我迅速挥起鱼竿向后抡去，鱼钩钩住了他的衣服，鱼线缠在了他的脖子上。他挣扎着还想过来杀我，我就撑着鱼竿不让他靠近。最后他就被勒死了。"

警察听后，马上说："别狡辩了，这可不是正当防卫，是你故意杀死他的。"

你知道这是为什么吗？

163. 自卫还是谋杀

中级 **难度星级：** ☆☆★★★ **知识点：发现破绽**

在一座偏僻的小洋房里，进入客厅的大门是一面落地的大玻璃，但现在早已支离破碎，碎片散落了一地。躺在客厅里，离大门不远处的是这屋子的主人杰克逊，他的左心房穿着 3 个血淋淋的枪眼，各自相距不到 3 厘米，不容置疑那是致命的伤口。他身旁还滑落着一个酒瓶。

警长蹲下去，扫开了死者伤口上的玻璃碎片，拿着放大镜仔细地察看着伤口。过了一会儿，他站起来，提出要审问自认是为了自卫才射杀了丈夫的杰克逊太太。

杰克逊太太显得非常激动和情绪不稳，警长柔声开导她，要她说出经过来。

"他是一头野兽！他是一个酒鬼！他每天都虐待毒打我。"杰克逊太太开始诉说着，并给警长看了她身上、手上和腿上的伤痕，"他今天又跟我大吵了一架，我诅咒他永远也不要再回家了，他狠狠地说不回就不回，有什么大不了！"

"到了晚上，他没有回来，我以为他不会回来了，于是上床睡觉。深夜时，我听到门口有声响，我好害怕，便亮了灯，拿起枪来到门口。透过玻璃，我看见了他，这魔鬼醉得一塌糊涂，但一看见我，他突然发起疯来，向我狂冲过来，玻璃都给他撞得粉碎，他冲进来张开双手，像是要掐死我的样子。我情急之下，连忙扳动了手枪，将子弹射进他身体。他就那样向后跌倒死去，尸体我一直没动过，就赶快报警了。警官，当时我完全有理由相信他会掐死我，我只是为了自卫才射杀他的。"

请问这真的是自卫吗？为什么？

164. 偷运黄金

中级　　难度星级：☆☆☆★★　　　知识点：矛盾的现场

警方收到线报说怪盗基德要从邻国走私 100 千克黄金进境，于是组成专案组稽查。这天，守株待兔的专案组在海关等到了进境的基德。"这么多的黄金，看他怎么在这么多人眼皮底下带过海关！"

"你们要干什么？我这车上可没装什么违禁物品呀！"基德抗议道。

"你说谎，那100千克黄金就藏在你的车上吧！我们的线报一向很准确的。"警察们开始检查基德驾驶的汽车。可是，搜来搜去，连轮胎和座椅都检查过了，一克黄金也没找到。警察们颇感失望。

线报当然是没错的，你知道基德到底将那100千克黄金藏在哪儿了吗？

165. 消失的扑克牌

高级 　　**难度星级：**☆★★★★　　**知识点：**唯一合理的解释

计算机课上，老师说："今天我给你们做一个测验，你们打开电脑桌面上的附件，背景上浮现出大卫·科波菲尔的脸。然后，出现了6张扑克牌，都是不同花色的J到K，每张都不一样。然后——你在心里默想其中的一张。不要用鼠标点中它，只是在心里默想。看着我的眼睛，默想你的卡片。默想你的卡片，然后击空格键。"

我选了红桃Q，一切都是按步骤来的，最后，我轻轻一击空格键，画面哗地一变，原来的六张牌不见了，然后出现了一行字：

看！我取走了你想的那张卡片！我急忙去看，天哪！扑克牌只剩下五张，红桃Q不见了！真的不见了！

大吃一惊的我，马上再来一遍，这次选了黑桃K，几个步骤下来，黑桃K又不见了！

百思不得其解，其他的同学看来同样惊讶，看来他们也被这神奇的魔术震慑住了。这时，老师说："你们是不是觉得很神奇呢？其实答案很简单。"他说出了谜底。他的回答令我再次失声惊呼：竟然是这样简单！

你知道这个魔术是怎么变的吗？

166. 不可能的毒杀案

中级　　难度星级：☆☆★★★　　　知识点：唯一合理的解释

一家西餐馆里，三个男人正在一起喝啤酒时，突然停电了，店内一片漆黑。然而仅二三分钟的工夫，男服务员就端来了蜡烛，三人又借着蜡烛的光继续喝了起来。但没过多久，其中一个突然感到难受，一头扑在桌子上，不久就断了气。

死因是喝的啤酒里掺了毒药。这是一种可怕的液体毒药，只要沾到皮肤上就会致人死亡，致死量仅0.5毫升。

"当时停电是偶然的吗？"警察询问店主。

"不，三天前附近一带的电线杆就贴着停电通知了。"

"看来罪犯是看了通知后才制定毒杀计划的，并在停电的瞬间迅速将毒液倒进了被害人的杯子里。当时店里顾客多吧？"

"不多，只有三个人。"

"那么活着的两个人中的一个就是罪犯。他肯定准备了什么装毒药的东西。"

下面是两个人的随身物品。

犯罪嫌疑人A：烟、火柴、手表、感冒胶囊、月票、现金8万元。

犯罪嫌疑人 B：手表、手帕、口香糖、日记本、钢笔、现金5 万元。

而且，根据店里服务员作证，这两人似乎都未离开过桌子一步，当然不可能将盛毒液的容器扔到外面。

你知道凶手是谁吗？他是用什么盛的毒液呢？

167. 中毒

中级　　难度星级：☆☆★★★　　知识点：唯一合理的解释

有一对兄弟因分家闹得不可开交。一天哥哥在自己开的酒吧中请来弟弟商量分家的事，并给弟弟倒了一杯可乐。弟弟担心哥哥下毒害自己，不敢喝。哥哥笑了笑，加了几颗冰块，并亲自喝了一口。弟弟一看没事，也就放了心。

两人谈了半天也没有达成共识，哥哥就生气地离开了。弟弟和哥哥吵了半天觉得有些口渴，就喝掉了哥哥剩下来的大半杯可乐。可没过多久，弟弟就死了。

经过调查，弟弟是因中毒而死的。可哥哥也喝了这杯可乐，为什么只有弟弟中毒了呢？

168. 煤气泄漏之谜

中级　　难度星级：☆☆☆★★　　知识点：唯一合理的解释

美丽的"金丝雀"萧兰死在自己的家中，现场是大款程福清为她购买的公寓的卧室，当时她已经怀有 4 个月的身孕。

经尸体解剖发现萧兰的死亡时间是 21:00 左右，因煤气吸入过量死亡。临死前她服用过未超量（无法致死剂量）的安眠药。

现场勘查，煤气开关开着，上面只有萧兰的指纹，房间里没有发现遗书。床头柜上放着一只打开的冰激凌盒，里面是吃了一半的无色果味冰激凌。

经侦查，大款程福清有谋杀萧兰的嫌疑，因为他不可能与萧兰结婚，也不能让萧兰把腹中的孩子生下来，如果萧兰告发他通奸，他将身败名裂。

程福清陈述：当晚 19:30 为萧兰买来冰激凌，20:00 看着她服下安眠药后离开公寓，在门口遇到过邻居。离开公寓后即驾车 20 分钟到朋友处打牌直至天亮，过程均有证人可作证。

侦察人员会同技术人员对煤气灶的结构做了仔细研究，并进行了实验，终于发现了煤气外泄的秘密。

在充分的证据面前，程福清终于交代了他预谋杀害萧兰以掩盖自己的丑行的过程。

你能分析出程福清是如何在煤气灶上做手脚的吗？

169. 粗心的神父

中级　　难度星级：☆☆☆★★　　知识点：逻辑关系

神父有一个贵重的十字架，上面镶有很多价值连城的钻石，钻石的排列如图所示。

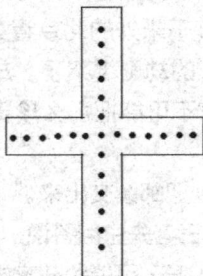

但是神父也不知道十字架上钻石的总数，他每次只是从上面开始数，数到中间那一颗的时候再分别向左、向右、向下继续数，每次都是 13 颗。有一次，这个十字架出了点问题，神父叫修理匠来

修一下。这个修理匠很贪财，他知道神父数钻石的方法，于是偷偷地把钻石拿走了两颗，而神父却没有发现。你知道他是如何做到的吗？

170. 跳机自杀

中级　　难度星级：☆☆☆★★　　知识点：常识

一人报警称，亿万富豪张三自杀身亡。警察赶到现场，发现尸体是从高空掉下摔死的。旁边停着一架私人飞机，还有一名飞行员。报警的就是飞行员，他说自己正载着张三在高空飞行，听见富豪长叹一声打开舱门跳了下去。自己费了半天时间才找到尸体，并发现张三的座椅上留着一封遗书。警察看了一眼座椅上摆着的遗书，对飞行员说："别狡辩了，这不是自杀，你才是凶手。"

你知道警察为什么这么说吗？

171. 消失的邮票

中级　　难度星级：☆☆☆★★　　知识点：唯一合理的解释

王老先生家里有一枚珍贵的邮票，可谓价值连城。一年春节将至，王老先生打算去300千米外的北京看女儿一家，在路途中被一伙垂涎王老先生邮票已久的劫匪绑架了。劫匪知道，王老先生独自一人居住，去看女儿一家不可能把那么珍贵的邮票留在家中，必定随身携带。

"要想保命，就乖乖地把邮票交出来。"劫匪的头目威胁说。

"我没有随身携带。"王老先生回答说。

"骗谁啊！你家里没人怎么可能留在家中！"

"既然你们不信，那就搜好了。"

一个喽啰搜遍了王老先生的箱包口袋，只找到一些衣物、洗漱用品、几百块钱以及一张女儿寄给他的明信片，上面有女儿家的地址。

小喽啰指着明信片上的邮票问头目："是明信片上贴着的是这张邮票吧？"

"你傻啊，那么重要的邮票，你会把它粘明信片上吗？那只是一张再普通不过的邮票，不值钱。我们要的邮票只有它的一半大小，上面有一条龙。"

"那没有了，他不会真的留在家里了吧！"

劫匪们又仔细地找了一遍，还是一无所获。你知道王老先生把邮票藏哪里了吗？

172. 陷阱

中级　　难度星级：☆☆★★★　　知识点：发现细节

暑假期间，警察接到报案说某大学宿舍发生一起谋杀案，便立即赶到了现场，发现死者名叫张三，住在这栋两层的宿舍楼里。死者趴在大门门口，头对着大门，背上心脏的位置垂直射进一支短箭。像是死者要开门进入宿舍楼，有人在背后痛下杀手。

经过调查发现，和死者有仇的人只有一个，但此人案发时在宿舍中，根本不在死者背后。楼下门口的管理员也可以证明他从没下过楼。

警察轻轻翻动一下尸体，发现死者手里攥着一张百元大钞，立即明白了怎么回事。

你知道张三是怎么被杀的吗？

173. 遇害真相

中级　　难度星级：☆☆☆★★　　知识点：常识

荒野中，有个男子被人绑在树上窒息而死。有人路过发现了尸体，报警，不久警察来到现场。

警长发现男子的嘴被堵着，脖子被生牛皮绕了三圈。经警方鉴定死亡时间是下午 4 点左右。警方马上逮捕了一个犯罪嫌疑人。

但经过调查，此人从上午至下午尸体被发现为止，都不在作案现场。警方找不到证据，要释放此人。

其实真凶就是他，你知道他是用什么手段蒙蔽警方，杀死男子的吗？

174. 做了手脚的时间表

高级　　难度星级：☆★★★★　　知识点：发现破绽

妞妞是个聪明的孩子，但是非常不喜欢学习。妈妈每天都要催促妞妞抓紧时间学习，妞妞却辩解说她很忙，几乎没有时间学习。妈妈很疑惑，问她都在忙什么？妞妞就给妈妈列出这样一个表：

1. 睡觉（每天 8 小时），合 122 天；

2. 双休日 2×52=104 天；

3. 暑假 60 天；

4. 吃饭（每天 3 小时），合 45 天；

5. 娱乐（每天 2 小时），合 30 天。

总计：122+104+60+45+30=361 天。

一年中，只有 4 天的时间可以学习，这还没有把生病的时间算进去，所以她根本没有时间学习。妈妈看她这样计算觉得也有道理。事实上，妞妞做了手脚。你发现妞妞在哪里做了手脚吗？

175. 小明的烦恼

中级　　难度星级：☆☆★★★　　知识点：概率

小明发现自己身边的朋友家里都有两个孩子，他便思考：如果家里有两个小孩的话，那么就有可能是三种情况：两个都是男孩、两个都是女孩、一个男孩一个女孩。所以，如果生两个孩子的话，都是男孩的概率是 1/3。

但是，他自己又隐隐约约感到不安，觉得似乎错了，你能指出他哪里错了吗？

176. 闭门失窃

中级　　难度星级：☆☆☆★★　　知识点：唯一合理的解释

怪盗基德坐在特快列车的一节卧铺车厢里。半夜时分，趁其他旅客熟睡之际，他钻进 3 号车厢的一个单人包间，偷走了珠宝大王准备展出的一枚镶满钻石的复活节彩蛋。

这趟列车是直达列车，中间不停车，将在早上7点钟准时到达目的地。带着这枚价值连城的复活节彩蛋的珠宝商在早上6点起床时发现宝物丢失了，便报了警。乘警马上带人对车上的人逐一盘查。

可是仔细搜查了每一名旅客的身上和行李等处，都没有发现那个拳头大小的彩蛋。这趟列车的车门是自动控制的，如果有人打开肯定会有记录，而车窗也是全封闭的。这个彩蛋到底哪里去了呢？

177. 消失的赎金

中级　　难度星级：☆☆★★★　　　知识点：唯一合理的解释

一位上市公司董事长的孙子被人绑架了，勒索100万赎金。

犯人要求把钱用布包起来，放进皮箱。晚上10点，放在街角公园门后的垃圾箱旁。董事长为了孙子的安全，只好按照要求做了，并派人暗中监视。10点刚过，就有一个拾荒者走到垃圾箱前，拿起皮箱转身就走。董事长派的人立即开始跟踪。只见拾荒者走了一段路后，拦下了一辆出租车，到了市里最大的一家超市，拿着箱子下了车，并将箱子存放在了超市的储物柜中，一个人走了。跟踪者守住箱子，心想一定还会有人来拿，可过了很久都没有人。他们觉得不太对劲，就过去打开箱子一看，箱子竟然是空的。

你知道这是怎么回事吗？那一百万赎金哪里去了？

178. 指纹

中级　　难度星级：☆☆★★★　　　知识点：发现细节

晚上10点左右，张三正要睡觉，突然听见门铃响了起来。他打开门一看，原来是自己的债主李四。来人开口便骂："你小子倒是真能躲啊，10天不到你都换了8个住处了。要是你再不还钱我就去法院告你！"

　　张三忙把李四请进屋子，低声下气地说："别着急，钱我明天就还给你。"趁李四不注意，张三拿起茶几上的烟灰缸朝李四后脑勺砸去。李四一声没吭就死了。

　　张三连夜把尸体扔到郊外的一条河里，并返回家中，清理了屋中所有李四的痕迹和指纹。忙了一夜有点累，张三晕沉沉地睡了过去。

　　下午张三被一阵猛烈的敲门声吵醒，打开门一看，原来是警察。警察说："我们在郊外的河里发现李四的尸体，尸体口袋里有张写着你家地址的字条。"

　　张三马上否认："李四死了？不关我的事，我好久都没见到他了。"

　　警察说："你不用撒谎了，我们早就有证据了，说明他刚来过你这。"说完指了指证据。

　　张三无话可说，只得承认了。

　　你知道警察的证据是什么吗？

179. 密室杀人案

中级　　难度星级：☆☆★★★　　知识点：唯一合理的解释

　　在巴尔的摩市发生了一起奇怪的密室杀人案。在一间空房里发现了一具少年的尸体，是被用绳子勒死的。这个少年几天前遭绑架，被罪犯勒索了 10 万美元赎金后下落不明。少年是在一间存放杂物的储藏室内被勒死的。可奇怪的是，门从里面反锁着。因房间狭窄，当然连一个窗户也没有，四周全是壁板墙。每块墙板上都可见到无数个铁钉的钉帽。也就是说，这间房子是纯粹的密室。大概是罪犯为了不让别人发现而故意选择了这个密室的。

　　那么，勒死少年后，罪犯究竟从什么地方、怎样离开房间的呢？

负责调查这个案件的刑警很小心地进入这个房间后，用铁锤和拔钉器撬开墙上的壁板，便发现了罪犯的诡计。

那么，罪犯是怎样造成这间密室的呢？

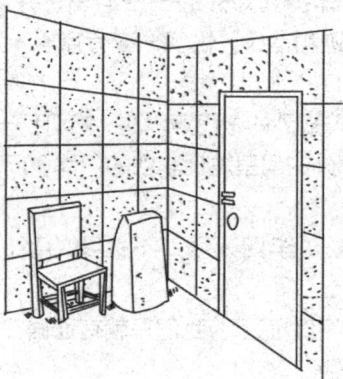

180. 遗产

中级　　难度星级：☆☆☆★★　　知识点：唯一合理的解释

张三的伯父去世了，因为没有其他亲属，便留下遗嘱说将自己数百万元的遗产全部留给张三。这天，张三赶到伯父家中处理遗产。清点之后发现，只有少量现金和一张存折，数目也不多。打开保险柜，里面除了一些证件、户口本，还有一个信封。信封很普通，上面贴着两枚陈旧的邮票，没有写地址和收信人。遗嘱就放在这个信封里。就算加上这栋房子，也只有几十万。伯父说的数百万的遗产到底在哪儿呢？

181. 走私物品

中级　　难度星级：☆☆☆★★　　知识点：唯一合理的解释

彼得的工作是在边卡检查入境车辆是否携带了走私物品。

经过一段时间的观察，他发现有个看上去很有钱的人每天都会开着一辆宝马车入境，车上只有一大包不值钱的棉花。

彼得每次都会叫住他，仔细检查他的棉花包，看其中是否携带什么贵重物品，但每次都一无所获。多年的经验告诉他，这个人一定在走私什么物品，只是苦于没有证据。

你知道这个人走私的是什么吗？

182．爆炸谋杀案

中级　　难度星级：☆☆★★★　　知识点：设置机关

警方的一位证人被人杀害并烧死在自己家里。现场调查发现，死者先是被下了安眠药，然后由于煤气爆炸，引发了大火烧死的。在现场只有冰箱、洗衣机、微波炉、电话等一些简单的家用电器，根据调查，爆炸时也没有外人在场。当天晚上这一带有大面积停电，不可能是电器短路引起的，究竟是什么引发的煤气爆炸呢？

183．《圣经》

中级　　难度星级：☆☆☆★★　　知识点：常识

哥哥和弟弟玩藏东西游戏。哥哥说："我把一张百元钞票藏在了咱家书架上那本《圣经》的第 49 页和 50 页之间了。"弟弟一听，马上否定了哥哥说的话。你知道弟弟为什么这么肯定吗？

184．不可能的赏赐

中级　　难度星级：☆☆☆★★★　　知识点：计算法

传说，印度的舍罕国王打算重赏国际象棋的发明人——大臣西萨·班·达依尔。这位聪明的大臣跪在国王面前说：陛下，请你在这张 8×8 的棋盘的第一个小格内，赏给我一粒麦子，在第二个小格内给两粒，在第三个小格内给四粒，照这样下去，每一小格内都比前一小格加一倍就可以了。国王说：你的要求不高，我会让你如愿以偿的。说着，他下令把一袋麦子拿到宝座前，计算麦粒的工作开始了。但是，令人吃惊的事情出现了：还没到第20小格，袋子已经空了，一袋又一袋的麦子被扛到国王面前来。但是，麦粒数增长得那样迅速，而格数却增长得很慢。国王很快发现，即使拿出来全国的粮食，也兑现不了他对象棋发明人许下的诺言。算算看，国王应给象棋发明人多少粒麦子？

185. 转移财产

中级　　难度星级：☆☆☆★★　　知识点：唯一合理的解释

绑匪囚禁着一个非常有钱的年迈老人。但绑匪根本没有找到一分钱，甚至还发现他有很多债务，这与老人公司的账户记录非常不符。绑匪希望在监控中发现老人财产的去处，但是一年多下来，老人除了很珍视女儿的一封信之外，没有发现其他异常之处。有一天，老人说："想得到我的财产可以，但必须先允许我寄封信给我女儿。你们放心，我不用你们替我出邮费，把我女儿给我这封信上的邮票揭下来贴到这个上面就行。"绑匪反复检查了信的内容后，没有发现异常，就同意了。谁知，过了几天，老人说："我已经把我的财产从你们眼皮下转移走了。"

这到底是怎么回事呢？

186. 奇怪的谋杀案

中级　　难度星级：☆☆☆★★　　知识点：唯一合理的解释

一个夏天的中午，一个女子死在自己的出租屋中。警察勘查现场后发现，女子死于二氧化碳中毒。推测可能是女子在沉睡时，吸入过量的二氧化碳致死的。

这间出租屋不大，只有一张单人床和冰箱、衣柜、桌子等物品。

虽然门窗都关得紧紧的，但肯定不至于因为呼出的二氧化碳让自己窒息。

那这名女子到底是因为什么才窒息而死的呢？

187. 赎金哪里去了

中级　　难度星级：☆☆★★★　　知识点：唯一合理的解释

一位富翁的独生子被绑架了。绑匪要求把 100 万元人民币的赎金装在手提包里，于第二天晚上 12 点让他的司机在中央公园的雕塑旁挖一个坑埋进去。

富翁心急如焚，立刻报了警。警方决定派警察埋伏在公园的雕塑旁监视。晚上 12 点的时候，司机开着车，带着装有 100 万元人民币的手提包来到公园，按照绑匪的要求，挖了一个很深的坑把手提包埋了起来，然后空手走了。

警察们紧紧地盯着雕塑旁的动静。可是直到第二天中午，还是没有看见人来取钱，而富翁的儿子已经回家了。警察不知道绑匪耍了什么花招，于是挖开埋钱的坑，手提包还在，而钱却不翼而飞了！

请你想一想，赎金会在哪里？绑匪又是谁？

188. 指纹哪里去了

中级 难度星级：☆☆★★★ 知识点：唯一合理的解释

为跟踪逃犯，一名便衣警察走进了酒吧。一个年轻漂亮的女子迎面擦身而过，出了酒吧。女子大约 25 岁，打扮入时，化了很浓的妆。警察忽然想起这个女子正是前几天追捕的诈骗犯。他立刻追出去，但诈骗犯已不知所终。警察转身回到酒吧，展开调查。他把女子用过的酒杯加以检验，但是，上面没有留下任何指纹。警察很清楚地记得，那名女子并没有戴手套，怎么会没有留下指纹呢？

189. 神秘的绑架案

中级 难度星级：☆☆☆★★ 知识点：唯一合理的解释

某公司董事长的儿子被绑架了。绑匪开口要 20 万元人民币赎金，并且强调要用一个普通的大旅行袋装这些钱，于第二天上午在家附近的邮局邮寄，地址是邻市的花园路 8 号，收件人龚宇华。绑匪还威胁不能报警，否则孩子就没命了。董事长派自己的私家侦探前往邻市调查，发现城市名和地址都是真的，收件人却是假的。难道绑匪不要赎金了吗？忽然，侦探灵机一动，发现了这宗绑架案的真实面目。

第二天，他捉到了这名绑架犯，成功地解救了小孩。你知道绑匪是谁吗？

第五章

机智巧应对

危险时刻，司马光沉着冷静地砸破水缸，救出了掉进缸里的小伙伴；实力不济，孙膑只是调整了几匹马的出场顺序，就帮助田忌轻松赢得了比赛。

历史上，流传着许多令人赞叹不已、拍案叫绝的机智故事。这些故事的主人公用巧妙而出人意料的应变之策，让人们在心生敬佩之余，获得更多智慧的启迪。

那么，什么是智慧呢？

神机妙算是智慧，能言善辩是智慧，明察秋毫是智慧，大智若愚是智慧，急中生智也是智慧。

我们在生活中，总难免要面对形形色色的难题和困境。这就需要我们开动脑筋，运用智慧，才能想出对策，找出答案。

面对突发事件，我们往往需要急中生智、沉着应变，方能解决问题。

190. 急中生智

中级　　难度星级：☆☆☆★★　　知识点：关注细节

一天夜里，侦探小五郎正在自己的事务所里喝威士忌。突然，一名杀手闯了进来，用枪指着小五郎的脑袋，说："对不起了，你的末日到了！"

小五郎反而一点都不慌张，镇定地说："谁派你来的？"

"一个恨透了你的人！"

"佣金不高吧？我可以出 3 倍的价钱，你看如何？"

杀手看上去有些动心，手里的枪抖了几下。

"别紧张嘛，我们慢慢说。"小五郎说着给对方倒了杯威士忌。

杀手喝了一口酒，问道："你真的有钱？"

小五郎打开墙角的一个保险柜，拿出一个鼓鼓的大纸袋放在茶几上。

杀手放下手中的酒杯，伸手去拿那个纸袋。就在这时，小五郎眼疾手快，拿起杀手用过的酒杯，连同保险柜的钥匙一起扔进了保险柜，关上柜门并拨乱了密码锁的数字盘。

小五郎微微笑了笑："那个纸袋里只是些旧票据罢了。"

杀手恶狠狠地看了小五郎一眼，然后垂头丧气地走了。

你知道小五郎为什么要这么做吗？他为什么能使杀手放弃刺杀他？

191. 私杀耕牛

中级　　难度星级：☆☆☆★★　　知识点：唯一合理的解释

包拯曾办过这样一个案子：一个人前来告状，称自己家的耕牛被人割掉了舌头。包拯秘密告诉他，叫他先回去，把牛杀了，然后公开叫卖牛肉。

当时，耕牛是非常重要的，私杀耕牛可是一项大罪。你知道包拯为什么还是叫他回去杀牛吗？

192. 撒谎的贼首

中级　　难度星级：☆☆☆★★　　知识点：计算题

一个财主的金库被一伙盗贼洗劫，丢失了 200 枚金币，财主告了官。不久，一个贼首来到官府自首说，盗窃行为是自己的21名手下做的，与自己无关，但是作为首领也有责任。所以他公布了21名参与盗窃的手下的名字，并指出，这21名盗贼每人分得一定数量的金币，最少1枚，最多11枚，而且每个人分得的金币数都是奇数。听到这里，县官就抓住了贼首，说："你在撒谎，盗窃一定与你有关！"

请问，县官是怎么知道贼首撒谎的呢？

193. 失踪的弟弟

中级　　难度星级：☆☆☆★★　　知识点：常识

某地有两个亲兄弟，素来不和。一天，哥哥被发现暴死街头，而弟弟也失踪了。警察调查现场发现，死者的血型是B型，而现场还遗留有另外一个人的AB型血，应该是凶手在与死者打斗时留下的。可是弟弟失踪了，家人又不知道弟弟的确切血型。后来调查得知，兄弟俩的父亲为O型血，母亲为AB型血。

请问，失踪的弟弟是凶手吗？

194. 失窃的海洛因

中级　　难度星级：☆☆★★★　　知识点：逻辑推理

一天，某医院的药房里丢失了一瓶海洛因。装海洛因的瓶子上只标着海洛因的化学式。医院的保安称，曾发现小偷，但是没有追上，被他逃了。而且小偷戴着面罩，分不清是谁。警察经过调查，初步断定嫌疑人有以下三个：一个是医院新来的实习生；一个是地质学教授，在外出工作时摔断了腿，住进了骨科病房；一个是樵夫，上山砍柴时被野兽袭击，在急诊病房休息。警方检查了药房，发现除了海洛因没有其他物品失窃。

请问，你知道到底谁才是小偷吗？

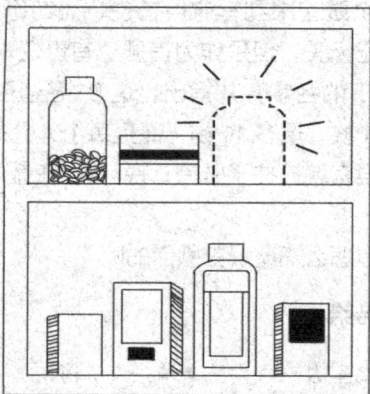

195. 判断依据

中级　　难度星级：☆☆☆★★　　知识点：逻辑推理

某海滨城市，一天夜里遭受到了台风和暴雨的袭击。第二天一早，有人在海滩公园发现了一具男尸，旁边还有一顶他戴的帽子。警察只看了一眼就断定，海滩公园不是案发现场，而是有人在别处作案，搬运过来的。你知道警察的判断依据是什么吗？

196. 凶手的破绽

中级　　难度星级：☆☆★★★　　知识点：发现破绽

一天晚上，警察在街上巡逻，突然从一栋楼上传来一声枪响。警察循声而去，发现一名男子慌张地从楼上跑了下来。警察赶紧上前询问。

男子说："不好了，我朋友被人杀死了。"

警察追问细节，男子解释说："我和朋友在楼上 8 楼的一个房间看球赛、喝啤酒，突然停电了。就在这时，一个人冲了进来，朝我朋友开了一枪，就跑了。这时也来电了，我发现朋友倒在了血泊之中，死了，便跑下来找警察。"

警察带着男子来到案发现场，屋子里一片寂静，一点声音都没有。一名男子倒在沙发上，死了。

警察对跑下楼的男子说："你撒谎，凶手就是你！"

请问，警察是如何发现凶手的破绽的呢？

197. 巧断讹诈案

中级　　难度星级：☆☆☆★★　　知识点：发散思维

有一次，平原县令外出，看到一群人围着两个人议论纷纷，便命停轿下去查问。

一个中年胖子立刻跪倒在地，对县令说："我装着 15 两银子的钱袋被这个年轻人拾到了。可是，他说钱袋里只有 10 两银子。"

那个年轻人急忙跪下说："老爷，我早晨给我母亲买药，拾到一个装着 10 两银子的钱袋，因为着急就先回家送药，母亲催我回来等失主。这位先生来了硬说里面是 15 两银子！"

众人都说胖子讹人，替年轻人喊冤。县令见状便问胖子："你丢的银子真的是 15 两吗？"

"确确实实是 15 两银子。"胖子肯定地回答道。

县令当即对胖子说了句话，众人都拍手称快。

请问：县令说了句什么话？

198. 偷吃鸡蛋

中级　　难度星级：☆☆☆★★　　知识点：逻辑推理

早上，妈妈煮了 3 个鸡蛋给 3 个孩子吃。可是在去厨房盛粥的空当，放在桌子上的鸡蛋被 3 个孩子中的一个偷偷吃掉了。妈妈问是谁偷吃的，3 个孩子都不承认。妈妈很生气，非要找出是谁干的。

于是，妈妈拿来一杯水和一个空盘子。很简单就试出了到底是谁偷吃的鸡蛋。

你知道妈妈是怎么做到的吗？

199. 偷运金属管

中级　　难度星级：☆☆★★★　　知识点：几何知识

某国的间谍盗取了另一国的科技秘密，准备将一种新型金属材料偷运回国。已知被偷的这种金属材料是一根细长的金属管，直径虽然只有 2 厘米，长度却达到了 1.7 米（无法折断或者弯曲）。按照铁路系统的规定，旅客只可以携带长、宽、高都不超过 1 米的物品上火车。所以警察断定间谍不会选择铁路逃跑。但是这个间谍真的通过铁路把金属管运走了，你知道他是怎么做到的吗？

200. 相互提问

中级　　难度星级：☆☆☆★★　　知识点：逻辑推理

一个大人和一个小孩做一个游戏。

大人这样对小孩说："我们来玩一个互相提问的游戏，我问你一个问题，你若答不出，你给我一元；而你问我一个问题，我答不出，我就给你 100 元，如何？"

小孩眨眨眼睛，说："行啊！"

"那你说说我的体重是多少？"大人先问道。

小孩想了一下，掏出一元钱给了大人。

轮到小孩提问了，你知道小孩问什么问题才能赢大人吗？

201. 狡诈的县官

中级　　难度星级：☆☆★★★　　知识点：逻辑推理

从前有一个县官要买金锭，店家遵命送来两只金锭。县官问："这两只金锭要多少钱？"

店家答："太爷要买，小人只按半价出售。"

县官收下一只，还给店家一只。

过了许多日子，他不还账，店家便说："请太爷赏给小人金锭价款。"

县官装作不解的样子说："不是早已给了你吗？"

店家说："小人从没有拿到啊！"

你知道这个贪财的县官是如何说的吗？

202. 阿凡提的故事

中级　　难度星级：☆☆☆★★　　知识点：发散思维

有一个穷人找到阿凡提说："咱们穷人真是难啊！昨天我在巴依财主开的一家饭馆门口站了一站，巴依说我闻了他饭馆里饭菜的香味，叫我付钱，我当然不给。他就到法官喀孜跟前告了我。喀孜决定今天判决。你能帮我说几句公道话吗？"

"行，行！"阿凡提一口答应下来，就陪着穷人去见喀孜。

巴依早就到了，正和喀孜谈得高兴。喀孜一看见穷人，不由分说就骂道："真不要脸！你闻了巴依饭菜的香气，怎么敢不付钱！快把饭钱算给巴依！"

"慢着，喀孜！"阿凡提走上前来，行了个礼，说道，"这人是我的兄长，他没有钱，饭钱由我付给巴依好了。"

你知道阿凡提是怎么帮穷人出气的吗？

203. 谁和谁配对

中级　　难度星级：☆☆★★★　　知识点：逻辑推理

有三个男青年 A、B、C，即将与甲、乙、丙三位姑娘结婚。有好事者想知道他们谁和谁是一对。于是前去打听。

他先问 A，A 说他要娶的是甲姑娘；他又去问甲，甲说她将嫁给 C；再去问 C，C 说他要娶的是丙。这可把这个人弄晕了，原来三个人都没有说真话。你能推出谁和谁结成了夫妻吗？

204. 丈夫的特异功能

中级　　难度星级：☆☆☆★★　　知识点：常识

新婚的妻子趁着丈夫去洗澡的时候把新买的零食藏在电视后面。可没有想到丈夫洗完澡后一下子就找出了妻子的零食。妻子很不甘心，走进浴室，嘟囔着说："你怎么可能看到啊，咱家浴室的门是毛玻璃的。就算离得很近去看，也看不清楚我在外面干什么。况且我已经看到你把浴室门关紧了！"

丈夫说:"哈哈,你还想骗我,我可是有特异功能的! 休想再偷偷吃这些垃圾食品了!"

丈夫真的有特异功能吗? 他是怎么知道妻子藏零食的地方的呢?

205. 判决

中级　　难度星级: ☆☆☆★★　　知识点: 发散思维

一对夫妇结婚后生了一个孩子,没几年,夫妻关系越来越不好,最后不得不离婚。但他们都不想要孩子,而都想争夺房产。二人互不相让,最后只好对簿公堂。

法官知道就算把房子和孩子的抚养权交给同一个人,也无法保证孩子能够得到好的待遇。他想了很久,终于想出一个好办法,你知道是什么吗?

206. 热气球超载

中级　　难度星级: ☆☆☆★★　　知识点: 发散思维

英国有一家报纸曾经举办过一次高额奖金的有奖征答活动。题目是这样的。

在一个充气不足的热气球上,载着三位关系人类兴亡的科学家,热气球超载,即将坠毁,必须丢出一个人以减轻重量。把谁扔出去?

三个人中,一个是环境专家,他的研究可使无数生命避免因环境污染而身亡;一个是原子专家,他的研究成果能够防止全球性的核战争,使地球免遭毁灭;最后一个是粮食专家,能够让数以亿计的人脱离饥饿。

奖金丰厚,应答的信件堆成了山,答案各不相同。

最终的获胜者却是一个小孩,你知道他的答案是什么吗?

207. 什么关系

中级　　难度星级：☆☆☆★★　　知识点：发散思维

一天警察小张在街上看到局长带着个孩子，于是和局长打招呼："王局长，这孩子是你儿子吗？"王局长回答说："是的。"

小张又问小孩："孩子，这是你父亲吗？"

孩子回答："不是。"

两个人都没有说谎，你知道这是怎么回事吗？

208. 吃饭

中级　　难度星级：☆☆☆★★　　知识点：发散思维

小红和小丽姐妹俩为了吃完饭能马上去看电视，每次吃饭的时候就拼命快地吃完，这让她们俩的胃都不太好。妈妈非常担心，在多次劝告没有用的情况下，就对她们俩说："现在你们俩做一个比赛，谁碗里的饭最后吃完，我就给她个奖励，带她出去买一身新衣服。"妈妈以为这样能慢慢培养她们细嚼慢咽的习惯，没想到两人吃得更快了。你知道这是为什么吗？

209. 丢失的螺丝

中级　　难度星级：☆☆☆★★　　知识点：发散思维

一位司机开着车去见朋友，半路上忽然有一个轮胎爆了。他把轮胎上的 4 个螺丝拆下来，然后从后备箱里把备用轮胎拿出来时，不小心把这 4 个螺丝都踢进了下水道。

请问：司机该怎么做才能使轿车安全地开到附近的修车厂呢？

210. 谁更有利

中级　　难度星级：☆☆☆★★　　知识点：逻辑推理

教授和两个学生一起吃午饭，教授说："我们来一起玩个游戏吧。你们俩把各自的钱包放在桌子上，我来数里面的钱。钱少的人可以赢掉另一个人钱包中所有的钱。"

这个游戏对谁更有利呢？

211. 骑不到的地方

中级 难度星级：☆☆☆★★ 知识点：发散思维

儿子和爸爸坐在屋中聊天。儿子突然对爸爸说："我可以骑到一个你永远骑不到的地方！"爸爸觉得这不可能，你认为可能吗？

212. 如何活命

中级 难度星级：☆☆☆★★ 知识点：逻辑推理

你是一名海警，在海上追捕逃犯的时候，船触礁沉没了。你一个人流落在一座孤岛上，救援人员十天后才能到达（今天是第0天）。你有A和B两种药片，每种10粒。每天你必须各吃一片才能活到第二天。但是你不小心把两种药片混在一起无法分辨了。你会怎么办？

213. 装睡

中级 难度星级：☆☆☆★★ 知识点：逻辑推理

小明每次装睡的时候都会被哥哥发现，小明觉得很奇怪，就问哥哥原因。哥哥说："那是因为我有特异功能！"真的是这样吗？

214. 他在干什么

中级 难度星级：☆☆☆★★ 知识点：发散思维

一天放学后，小明写完作业，打算去找同学小刚玩。到了小刚家门口，遇见了小刚的爸爸。小明说要找小刚玩，小刚的爸爸说："不行啊，他正忙着呢！"

小明问："作业早就应该写完了，他在忙什么呢？"

小刚的爸爸拿出一张小刚写的纸条交给小明，说："这是小刚写的，你看明白了就知道他在干什么了。"只见纸条上写着："他一句，我一句，他说千百句，我也说千百句。我说的，就是他说的。"

你知道小刚在干什么吗？

215. 上当的国王

中级　　难度星级：☆☆☆★★　　知识点：逻辑推理

很久以前，英国有个国王，因钦定英译的《圣经》而闻名。在他在位期间，曾有一个犯人，因盗窃罪被判死刑。

罪犯便向国王提出一个要求，希望能够在行刑之前有机会读完国王钦定的《圣经》。国王答应了这个要求。可是没想到这也相当于取消了罪犯的死刑判决。

你知道这是怎么回事吗？

216. 聚餐

中级　　难度星级：☆☆☆★★　　知识点：简化思维

周末，小明一家人聚餐，一共5个人，他们想炸东西吃，但每个人想要的酥嫩程度不同。奶奶牙口不好，要吃炸10分钟的炸薯条；爷爷喜欢吃鱼，要吃炸5分钟的小黄鱼；爸爸也想吃小黄鱼，但他喜欢嫩一点的，只需炸1分钟；妈妈喜欢脆脆的口感，想吃炸15分钟的炸薯条；而小明想吃炸10分钟的炸春卷。

如果这家人只有一个炸锅，那么做这顿饭至少需要多长时间？

217. 最轻的体重

中级　　难度星级：☆☆☆★★　　知识点：发散思维

小丽现在有 80 千克重,身为女孩的她经常遭到别的女生嘲笑。她却说:"别看我现在有 80 千克重,可是我最轻的时候,还不到 3 千克。"大家想一想,小丽的这句话有可能吗?

218. 怎么摆放最省力

中级　　难度星级:☆☆☆★★　　知识点:发散思维

有个人蹬三轮车去送货,发现有三种方法摆放货物:都堆到靠近自己的这边、都堆到远离自己的一边、把货物均摊到三轮车上。哪种方法最省力呢?

219. 两根金属棒

中级　　难度星级:☆☆☆★★　　知识点:常识

有两根外表一样的金属棒,其中一根是磁铁,一根是铁棒,你能否不用任何工具,将它们分辨出来?

220. 逃离食人族

高级　　难度星级:☆★★★★　　知识点:逻辑推理

一位探险者去非洲探险,被当地的食人族抓了起来。食人部落有个传统,就是崇尚聪明的人。于是他们准备了三张纸条,两张上面写着"死",一张上面写着"生"。然后他们偷偷地将三张纸条扣在三个碗下面,并在碗上分别写了一句话作为提示。第一个碗上写着:"选择此碗必死"。第二个碗上写着:"选择第一个碗可以活命"。第三个碗上写着:"选这个碗也会死"。并且告诉探险者,这三句提示中,只有一句话是真的。

如果你是这个探险者,你会选择哪个碗呢?

选择此碗必死

选择第一个碗可以活命

选这个碗也会死

221. 偷换概念

中级　　难度星级：☆☆★★★　　知识点：偷换概念

有 3 个人去旅馆，住 3 间房，每一间房 10 元钱，于是他们一共付给老板 30 元，第二天，老板觉得 3 间房只需要 25 元就够了，于是叫伙计退回 5 元给 3 位客人，谁知伙计贪心，只退回每人 1 元，自己偷偷拿了 2 元，这样一来便等于那 3 位客人每人各花了 9 元，于是 3 个人一共花了 27 元，再加上伙计独吞了 2 元，总共是 29 元。可是当初他们 3 个人一共付出 30 元，那么还有 1 元哪儿去了呢？

222. 比赛

中级　　难度星级：☆☆☆★★　　知识点：计算法

一天，柯南和怪盗基德在商场一层的大门口不期而遇。

"好巧啊，你在这里干什么？"基德问柯南。

"是啊，好巧。我要去地下三层车库里的车里取我的笔记本。你呢？"

"我也是啊，不过我的笔记本在三楼超市的储物柜里。要不我们来比赛吧，不许乘电梯，看谁先拿到东西，回到这里。"

"你休想骗我，我还不知道你的把戏？"柯南说。

说着柯南拆穿了基德。你知道基德的把戏是什么吗？

223. 无法滚动的球

中级　　难度星级：☆☆☆★★　　知识点：几何知识

国王有一个长方形的箱子，里面紧紧塞着 20 个金球（如图所示）。每个球都被其他球卡住，所以无论箱子如何动，这些球都不会在箱子里滚动。

国王每天晚上都要晃动一下箱子，听里面是否有滚动的声音，来确定金球有没有丢失。

一天，一个聪明的仆人想偷走一些金球，他可以拿走哪几个球，还能保证剩下的球不会在箱子里滚动（当然不能全部拿走，那样箱子重量变化太大，更容易被发现）？

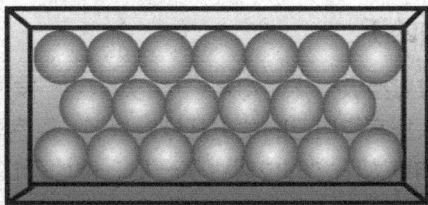

224. 饭店的门牌

中级　　难度星级：☆☆★★★　　知识点：逻辑推理

某日，某饭店里来了三对客人：两个男人，两个女人，还有一对夫妇。他（她）们开了 3 个房间，门口分别挂上了带有标记"男男""女女""男女"的牌子，以免互相进错房间。但是爱开玩笑的饭店服务员，却把牌子巧妙地调换了位置，弄得房间里的人和牌子全对不上号。

在这种混乱的情况下，据说只要敲一个房间的门，听到里边的一声回答，就能全部搞清楚 3 个房间里的人员情况。你说，要敲的该是挂有什么牌子的房间？

225. 心虚的凶手

中级　　难度星级：☆☆☆★★　　知识点：发现破绽

一天，有人报案称自己的丈夫开枪自杀了。警察马上赶到现场，发现一名男子右脑太阳穴的位置中了一枪，倒地死亡，右手还握着一把手枪。报案人是死者的妻子，说自己正在厨房做晚饭，突然听到嘭一声枪响，跑出来一看，发现丈夫自杀死了。

警察一边在死者右手上涂石蜡，一边对死者的妻子说："等会儿我们就会知道你丈夫到底是不是自杀了。"

妻子一看，顿时心虚了起来，没多久就承认了杀死丈夫的真相。

你知道妻子突然为什么心虚了吗？

226. 禁止通行

中级　　难度星级：☆☆★★★　　知识点：发散思维

两个村子之间只有一座小桥可以通过，但是由于两个村子之间有世仇，所以村长禁止两个村子的村民互相来往。于是，他们在桥的中间设了一个关卡，由一名村民负责看守。

通过整座小桥至少需要 10 分钟，而看守大部分时间在屋子里，只是每隔 7 分钟会出来看一次，如果发现有人想通过小桥到对岸去，就把他叫回来，禁止他通过。

可是有一天，一名村民要去另一个村子办事，他需要怎样做才能顺利通过这座小桥呢？

227. 两个空心球

中级　　难度星级：☆☆☆★★　　知识点：常识

一个小偷偷了一个大金球，然后他将这个金球与一个同样大小的空心铅球放在了一起，然后在表面镀上了相同颜色和材料的镀层。伪装好之后，警察追了过来，看到了两个球，无法区分。你能在不破坏表面镀层的条件下，用简易方法指出哪个是金的，哪个是铅的吗？

第六章

真假大辩论

真话假话问题，又叫说谎问题，假定人分为两类，一类永远说真话，一类永远说假话，根据两种人说的话来判断谁是哪类人。当然，有时候为了增加问题的难度，会加入时而说假话时而说真话的人。

下面是一个比较经典的说谎问题。

一个岔路口分别通向天堂和地狱。路口站着两个人，已知一个来自天堂，另一个来自地狱，但是不知道谁来自天堂，谁来自地狱。只知道来自天堂的人永远说实话，来自地狱的人永远说谎话。现在你要去天堂，但不知道应该走哪条路，需要问这两个人。只许问一句，应该怎么问？

答案是这样的：随便问一个人："如果我问另一个人这样的问题：'去天堂应该走哪条路？'他会指给我哪条路？"然后根据他的答案走相反的那条路就可以到达了。或者指着其中的一条路问其中的一个："你认为另外一个人会说这是通往天堂的路吗？"由于他们的回答必须糅合自己的和另外一个人的观点，所以，他们的答案是一样的，并且都是错误的。如果你指的正好是去天堂的路，那么他们都会回答"不是"；如果是去地狱的路，他们都会回答"是"。

当然，还有类似的其他问法。

为了更好地理解这个问题，我们首先要知道什么是说谎。

大学快要毕业的时候，我在外面四处投简历求职。有家公司的销售部门给了我一个面试机会。面试的时候他们向我提了很多问题，其中有一个是："你反感偶尔撒一点谎吗？"

天地良心，我当时明明是反感的，尤其是反感那些为了销售成绩而把产品瞎吹一气的推销员。可是转念一想，如果我照实回答"反感"的话，这份工作肯定就吹了。所以我撒了个谎，说了声："不。"

面试完后，在回学校的路上，我回想面试时的表现，忽然这么问了自己一句：我对当时回答面试官的那句谎话反感吗？我的回答是"不反感"。咦，既然我对那句谎话并不反感，说明我不是对一切谎话都反感，因此这么看来，面试时我回答的"不"并不是谎话，而是真话了！

从逻辑上讲，我当时说的是真话，因为如果说我的回答是假话的话就会引起矛盾。但在当时，我确实觉得自己的回答是在撒谎。

从那次面试经历我们可以引申出一个问题：一个人可能不知道自己在撒谎吗？我认为是不可能的。所谓"撒谎"并不是指一个人说的话不符合事实，而是指说话的人相信自己说的话是假的。即使你说的话符合事实，但只要你自己相信那是假的，我也会说你是在撒谎。

心理学里有这样一个例子，可以很好地说明撒谎的含义。一个精神病院的医生们有心要放一个精神分裂症患者出院，决定替他做一次测谎仪检查。医生问精神病人："你是超人吗？"病人回答："不是。"结果测谎仪嘟嘟嘟响了起来，表示病人在撒谎。

在解答"真话假话"问题时，需要我们具备一些相关的逻辑知识，比如复合命题推理的相关知识。通过找出题干中互相矛盾的条件关系，从而推知其必有一真一假，再结合题干中的其他条件，即可得出有效结论。

或者我们还可以运用假设反证法。即分别假设某一句话是真话

（或者假话），推理出矛盾或者正确结果。若真话假话问题的题干中没有出现相互矛盾的论断或条件，就只能用假设反证法，这种方法虽然可能会耗费更多时间，但适应性很好，几乎所有类似题目都可以用此方法解决。

228. 说谎的嫌犯

中级　　难度星级：☆☆☆★★　　知识点：发现破绽

一位年轻人报警说自己和朋友去森林里打猎，突然闯出两名大汉，把他的朋友杀死了，并抢走了他们所有的财物。

警察赶到现场，向年轻人询问事情的经过。年轻人说："我们打完猎，准备吃烤好的兔子。这时从树林里跑出来两名大汉，他们把我打晕了，等我醒过来，发现我的朋友已经被杀死了，于是我就报了警……"

警察调查了现场，发现死者死亡时间大概在一个小时前，死因是被钝器打碎了颅骨。中间有一堆燃烧的树枝，火很旺，上面烤着的兔子油汪汪的，发出迷人的香气。

这时，警察指着年轻人说："别装了，你就是凶手。"

请问，警察是如何推断出来的呢？

229. 谁打碎的花瓶

中级　　难度星级：☆☆★★★　　知识点：逻辑推理

五个小朋友在家里玩耍，妈妈回来后发现花瓶被摔碎了，就问他们是谁干的？五个人说的话如下。

甲：肯定是我们中间的某个人干的。

乙：是丁干的。

丙：反正不是我干的。

丁：是戊干的。

戊：是乙干的。

事实证明，这五个人的话里有且只有一句是真话，那么是谁打碎的花瓶呢？

230．三人的供词

中级　　难度星级：☆☆★★★　　　知识点：逻辑推理

纽约展览馆的保险库被盗，丢失了一件十分珍贵的藏品，吉姆、约翰和汤姆三人因此受到传讯。三人中肯定有一人是作案者，并且盗窃现场的证据表明，作案者是一名电脑高手，他侵入了展览馆的保安系统，使所有的保护设施全部失效。这三位可疑对象每人作了两条供词，内容如下。

吉姆：

（1）我不懂电脑；

（2）我没有偷东西。

约翰：

（3）我是个电脑高手；

（4）但是我没有偷东西。

汤姆：

（5）我不是电脑高手；

（6）是电脑高手作的案。

警察最后发现：

（7）上述 6 条供词中只有两条是实话；

（8）这三个可疑对象中只有一个不是电脑高手。

是谁作的案呢？

提示：判定（2）和（4）这两条供词都是实话，还是其中只有一条是实话。

231. 真假分不清

中级　　难度星级：☆☆★★★　　知识点：逻辑推理

小李家有三个孩子 A、B、C，他们三人的名字分别叫真真、假假、真假（不对应），真真只说真话，假假只说假话，而真假有时说真话有时说假话。

有一个人遇到了他们，于是问 A："请问，B 叫什么名字？" A 回答说："他叫真真。"

这个人又问 B："你叫真真吗？" B 回答说："不，我叫假假。"

这个人又问 C："B 到底叫什么？" C 回答说："他叫真假。"

请问：你知道 A、B、C 中谁是真真，谁是假假，谁是真假吗？

232. 今天星期几

中级　　难度星级：☆☆★★★　　知识点：逻辑推理

在非洲某地有两个奇怪的部落，一个部落的人在每周的一、三、五说谎，另一个部落的人在每周的二、四、六说谎，在其他日子他们都说实话。一天，一位探险家来到这里，见到两个人，向他们请教今天是星期几。两个人都没有明确告诉他，只是都说："前天是我说谎的日子。"如果这两个人分别来自两个部落，那么今天应该是星期几？

233. 哪天说实话

中级　　难度星级：☆☆★★★　　知识点：逻辑推理

在一个小岛上有个特殊的部落，这个部落的人都非常喜欢撒谎。以至于他们几乎忘记了如何才能说实话。

A 就是这个部落的一个村民。他同样很爱撒谎，一周 7 天中有 6 天都在说谎，只有一天会说实话。

下面是他在连续 3 天里说的话。

第一天：我星期一、星期二撒谎。

第二天：今天是星期四、星期六或是星期日。

第三天：我星期三、星期五撒谎。

请问：A 在一周中的哪天会说实话呢？

234. 走出迷宫

中级　　难度星级：☆☆★★★　　知识点：逻辑推理

一位探险家去寻宝，在一大片原始森林里迷了路。他在里面走了很久，一直没有找到出口，这可把他吓坏了。这时，他来到一个三岔路口旁，发现每个路口都写了一句话，第一个路口上写着："这条路通向出口。"第二个路口写着："这条路不通向出口。"第三个路口上写着："另外两个路口上写的话，一句是真的，一句是假的。"如果第三个路口上的话是正确的，那么，探险家要选择哪一条路才能走出去？

235. 分辨吸血鬼

高级　　难度星级：☆★★★★　　知识点：逻辑推理

在一个奇怪的岛上，住着两种居民：人和吸血鬼。有一年，这里发生了一场大瘟疫，有一半的人和吸血鬼都生了病而变得精神错乱了。这样一来，这里的居民就分成了四类：神志清醒的人、精神错乱的人、神志清醒的吸血鬼、精神错乱的吸血鬼。从外表上是无法将他们区分开的。他们的不同在于：凡是神志清醒的人总是说真话，但是，一旦精神错乱了，他就只会说假话了。

吸血鬼同人恰好相反，凡是神志清醒的吸血鬼都是说假话的，但是，他们一旦精神错乱，反倒说起真话来了。这四类居民，讲话都很干脆，他们对任何问题的回答，只用两个词："是"或"不是"。

有一天，有位"逻辑博士"来到这个岛上。他遇见了一个居民P。"逻辑博士"很想知道P属于四类居民中的哪一类。于是，他就向P提出一个问题。他根据P的回答，立即就推定P是人还是吸血鬼。后来，他又提出了一个问题，又推定出P是神志清醒的，还是精神错乱的。

"逻辑博士"先后提的是哪两个问题呢？

236. 开箱子

中级　　难度星级：☆☆★★★　　知识点：逻辑推理

有一个探险家在一个山洞里发现了两个箱子和一封信，信上说："这两个箱子其中之一装有满箱的珠宝，另一个中装有毒气。如果你足够聪明，按照箱子上的提示就能找到宝物。"

这时探险家看到两个箱子上都有一张纸条，第一个箱子上写着："另一个箱子上的话是真的，珠宝在这个箱子里。"第二个箱子上写着："另一个箱子上的话是假的，珠宝在另一个箱子里。"

那么，他应该打开哪个箱子才能获得珠宝呢？

237. 谁偷了金表

中级　　难度星级：☆☆☆★★　　知识点：逻辑推理

商厦发生了一起盗窃案，一只名贵的金表被盗了。警察根据群众提供的线索，提审了有盗窃嫌疑的四人。他们的口供如下。

甲说："我看见金表是乙偷的！"

乙说："不是我！金表是丙偷的。"

丙说："乙在撒谎，他要陷害我。"

丁说："金表是谁偷了我不知道，反正我没偷。"

经过调查证实，四个人中只有一个人的供词是真话，其余都是假话。

请问谁是小偷？

238. 找出死者和凶手

中级　　难度星级：☆☆☆★★　　　知识点：逻辑推理

甲的妹妹是丙和戊；他的女朋友是己。己的哥哥是乙和丁。

他们的职业如下。

甲：医生。

乙：医生。

丙：医生。

丁：律师。

戊：律师。

己：律师。

这6人本来是一家人，却突然发生了冲突，其中的一人杀了其余5人中的一人。警察经过询问得到以下六条口供：

（1）如果凶手与受害者有亲缘关系，则凶手是男性；

（2）如果凶手与受害者没有亲缘关系，则凶手是个医生；

（3）如果凶手与受害者职业相同，则受害者是男性；

（4）如果凶手与受害者职业不同，则受害者是女性；

（5）如果凶手与受害者性别相同，则凶手是个律师；

（6）如果凶手与受害者性别不同，则受害者是个医生。

经过核实，这六条口供中，只有三条是真实的。

你能推断出谁是凶手，谁是死者吗？

提示：根据陈述中的假设与结论，判定哪3个陈述组合在一起不会产生矛盾。

239. 谁偷吃了糖果

中级　　难度星级：☆☆☆★★　　　知识点：逻辑推理

妈妈准备待客用的糖果被偷吃了，妈妈很生气，就盘问 4 个孩子，下面是他们的回答。

A：是 B 吃的。

B：是 D 吃的。

C：我没有吃。

D：B 在说谎。

现在已知这 4 个人中只有 1 个人说了实话，其他的 3 个人都在说谎，那么偷吃糖果的人是他们中的谁呢？

240. 谁是主犯

中级　　难度星级：☆☆★★★　　知识点：逻辑推理

四名犯罪嫌疑人同时落网，但是他们只承认参与了犯罪行为，都不承认自己是主犯。在警察审问的时候，四个人的回答如下。

甲说：丙是主犯，每次都是他负责的。

乙说：我不是主犯。

丙说：我也不是主犯。

丁说：甲说得对。

警方通过调查，终于查出了谁是主犯，而且他们之中只有 1 个人说了真话，其余 3 个人都说了假话。

请问：谁才是主犯呢？

241. 有谁偷吃了蛋糕

中级　　难度星级：☆☆★★★　　知识点：逻辑推理

妈妈在餐桌上放了一块蛋糕，可是刚出去了一下，再回来的时候就发现蛋糕被人吃掉了。所以她就问在场的三个孩子，是谁偷吃了蛋糕，得到的答案如下。

A：我吃了，好好吃哦！

B：我看见 A 吃了。

C：总之，我和 B 都没吃。

假设这里边只有一个孩子在说谎，那么蛋糕被几个人偷吃了，都有谁？

242. 真假难辨

中级   难度星级：☆☆★★★   知识点：逻辑推理

师生聚会中，老师小刘突然问学生，上学的时候，谁向他说过谎？大家各只说了一句话。

张三：李四说谎。

李四：王五说谎。

王五：张三和李四都说谎。

问：谁说谎，谁没说谎？

243. 推算日子

中级　　难度星级：☆☆★★★　　知识点：逻辑推理

去年暑假，小明在外婆家住了几天，这期间的天气时晴时雨，具体如下。

（1）上午或下午下雨的情况有 7 次。

（2）凡是下午下雨的那天上午总是晴天。

（3）有 5 个下午是晴天。

（4）有 6 个上午是晴天。

想一想，小明在外婆家一共住了几天？

244. 五个儿子

中级　　难度星级：☆☆★★★　　知识点：逻辑推理

一个老财主，一辈子积攒了不少钱财。他有五个儿子，在儿子成家立业之后，将自己所有的财产分给了五个儿子，自己仅留了少量生活所用。若干年后，突遇一个灾荒之年，可怜的父亲要面临断炊了，所以不得不求助于五个儿子。

但是，经过了这么多年，有的儿子赚了不少，也有的儿子将家财败光了。他不知道现在哪个儿子有钱，但他知道，他们兄弟之间彼此都知道底细。

下面是他们五兄弟说的话。其中有钱的说的都是假话，没钱的说的都是真话。

老大说："老三说过，我的四个兄弟中，只有一个有钱。"

老二说："老五说过，我的四个兄弟中，有两个有钱。"

老三说："老四说过，我们兄弟五个都没钱。"

老四说："老大和老二都有钱。"

老五说："老三有钱，另外老大承认过他有钱。"

你能帮助这位老父亲判断出这几个儿子中谁有钱吗？

245. 警探的询问

中级　　难度星级：☆☆★★★　　知识点：逻辑推理

达纳溺水死亡，为此，阿洛、比尔和卡尔被一位警探讯问。

（1）阿洛说：如果这是谋杀，那肯定是比尔干的。

（2）比尔说：如果这是谋杀，那可不是我干的。

（3）卡尔说：如果这不是谋杀，那就是自杀。

（4）警探如实地说：如果这些人中只有1个人说谎，那么达纳是自杀。

达纳是死于意外事故，还是自杀，甚至是谋杀？

提示：在分别假定陈述（1）、陈述（2）和陈述（3）为谎言的情况下，推断达纳的死亡原因；然后判定这些陈述中有几条能同时为谎言。

246. 谁得了大奖

中级　　难度星级：☆☆★★★　　知识点：逻辑推理

公司年底联欢会上有个抽奖环节，经理把得大奖的人的名字抽出来后，对离他最近的一桌上五个人说："大奖就出在你们五个人中。"

甲说：我猜是丙得了大奖。

乙：肯定不是我，我的运气一直不好。

丙：我觉得也不是我。

丁：肯定是戊。

戊：肯定是甲，他运气一直很好。

经理听了他们的话，说："你们五个人只有一个人猜对了，其他四个人都猜错了。"

五个人听了之后，马上意识到是谁得了大奖了。你知道了吗？

247. 从实招来

高级　　难度星级：☆★★★★　　知识点：逻辑推理

有个法院开庭审理一起盗窃案件，某地的 A、B、C 三人被押上法庭。负责审理这个案件的法官是这样想的：肯提供真实情况的不可能是盗窃犯；与此相反，真正的盗窃犯为了掩盖罪行，是一定会编造口供的。因此，他得出了这样的结论：说真话的肯定不是盗窃犯，说假话的肯定就是盗窃犯。审判的结果也证明了法官的这个想法是正确的。

审问开始了。

法官先问 A："你是怎样进行盗窃的？从实招来！"

A 回答了法官的问题："叽里咕噜，叽里咕噜……" A 讲的是某地的方言，法官根本听不懂他讲的是什么意思。

法官又问 B 和 C："刚才 A 是怎样回答我的提问的？他说的话是什么意思？"

B 说："禀告法官老爷，A 的意思是说，他不是盗窃犯。"

C 说："禀告法官老爷，A 刚才已经招供了，他承认自己就是盗窃犯。"

B 和 C 说的话法官是能听懂的。听了 B 和 C 的话之后，这位法官马上断定：B 无罪，C 是盗窃犯。

请问：这位聪明的法官为什么能根据 B 和 C 的回答，作出这样的判断？ A 是不是盗窃犯？

248. 三个问题

高级　　难度星级：★★★★★　　知识点：逻辑推理

有甲、乙、丙三个精灵，其中一个只说真话，另外一个只说假话，还有一个随机地决定何时说真话，何时说假话。你可以向这三个精灵发问三条是非题，而你的任务是通过他们的答案找出谁说真话，谁说假话，谁是随机答话。

你每次可选择任何一个精灵问话，问的问题可以取决于上一题的答案。这个难题困难的地方是这些精灵会以"Da"或"Ja"回答，但你并不知道它们的意思，只知道其中一个字代表"对"，另外一个字代表"错"。

你应该问哪三个问题呢？

249. 该释放谁

中级　　难度星级：☆☆☆★★　　知识点：逻辑推理

有一个侦探逮捕了 5 个犯罪嫌疑人 A、B、C、D、E。这 5 个人供出的作案地点有出入。进一步审讯了他们之后，他们分别提出了如下的申明。

　　A：5个人当中有1个人说谎。

　　B：5个人当中有2个人说谎。

　　C：5个人当中有3个人说谎。

　　D：5个人当中有4个人说谎。

　　E：5个人全说谎。

　　只能释放说真话的人，该释放哪几个人呢？

250. 真话和谎话

中级　　难度星级：☆☆★★★　　知识点：逻辑推理

　　老师找5名学生谈话，他们分别说了下面这些话，你来判断他们中有几个人撒了谎。

　　小江说："我上课从来不打瞌睡。"

　　小华说："小江撒谎了。"

　　小婧说："我考试时从来不舞弊。"

　　小洁说："小婧在撒谎。"

　　小雷说："小婧和小洁都在撒谎。"

251. 零用钱

中级　　难度星级：☆☆★★★　　知识点：逻辑推理

　　悦悦每周会从妈妈那里拿到10元零花钱，但是这周不到三天她就把自己的零花钱用完了，只好再跟妈妈要。妈妈说："那你去隔壁屋里待五分钟再回来。"五分钟后，悦悦看到妈妈面前摆了三只碗，第一只碗上写着："这只碗里没有钱。"第二只碗上写着："钱在第一只碗里。"第三只碗上写着："反正我这里没钱。"妈妈说："我把钱放到其中一只碗里了，你只有一次掀开碗的机会，如果你正好掀开的是有钱的碗，那这些钱就是你的零花钱。提示你一下，我写的三句话中只有一句话是真的。"

如果你是悦悦，会掀开哪只碗呢？

252. 丙会如何回答

中级　　难度星级：☆☆★★★　　知识点：逻辑推理

某地发生了一次银行抢劫案，警察抓到了三名犯罪嫌疑人。这三名犯罪嫌疑人之间非常清楚每个人做了什么、没有做什么。而且这三名犯罪嫌疑人里确实有人作了案，当然也可能有人没有作案。

在第一次审讯中，三个人都做了一些交代。接着，警察又一次向他们确认其中是否有人说谎。

现在我们知道，一个人如果说谎，那么他将会一直说谎；而一个人如果说实话，他会一直说实话。

警察最后一次向他们求证时，他们做出了如下回答：

警察问甲："乙在说谎吗？"

甲回答说："不，乙没有说谎。"

警察问乙："丙在说谎吗？"

乙回答说："是的，丙在说谎。"

那么，如果警察问丙："甲在说谎吗？"

请问：丙会回答什么呢？

253. 亲戚关系

中级　　难度星级：☆☆★★★　　知识点：逻辑推理

有 A、B、C、D、E 五个人，他们相互之间都是亲戚，其中四人每人讲了一个情况，现在已知，这四条情况都是真实的。

四人讲的话如下。

（1）B 是我父亲的兄弟。

（2）E 是我的岳母。

（3）C 是我女婿的兄弟。

（4）A是我兄弟的妻子。

上面提到的每个人都是这五个人中的一个。

例如，（1）中"我父亲"和"我父亲的兄弟"都是A、B、C、D、E五人中的一个。

由此可以推出下面哪个判断是正确的？

A.B和D是兄弟关系

B.A是B的妻子

C.E是C的岳母

D.D是B的子女

254. 完美岛上的部落

高级　　难度星级：☆★★★★　　知识点：逻辑推理

完美岛上有两个部落，其中一个叫诚实部落（总讲真话），另一个叫说谎部落（从不讲真话）。一个诚实部落的人同一个说谎部落的人结了婚，这段婚姻非常美满，夫妻双方在多年的生活中受到了对方性格的影响。诚实部落的人已习惯于每连续讲三句真话就要讲一句假话，说谎部落的人则已习惯于每连续讲三句假话就要讲一句真话。他们生下了一个儿子，这个孩子当然具有两个部落的性格，即真话假话交替着讲。另外，这一对家长同他们的儿子每人都有个部落号，号码各不相同。他们的名字分别叫阿尔法、贝塔、伽马。3个人各说了4句话，但不知道是谁说的。诚实部落的人讲的是1句假话，3句真话；说谎部落的人讲的是1句真话，3句假话；孩子讲的是真假话各两句，并且真假话交替。他们讲的话如下。

A：

（1）阿尔法的号码是三人中最大的；（2）我过去是诚实部落的；

（3）B是我的妻子；（4）我的部落号比B的大22。

B：

（1）A是我的儿子；（2）我的名字是阿尔法；

（3）C的部落号是54或78或81；（4）C过去是说谎部落的。

C：

（1）贝塔的部落号比伽马的大10；（2）A是我的父亲；

（3）A的部落号是66或68或103；（4）B过去是诚实部落的。

找出A、B、C三个人中谁是父亲，谁是母亲，谁是儿子，以及，他们各自的名字和部落号。

255. 几个骗子

中级　　难度星级：☆☆★★★　　知识点：逻辑推理

一个小岛上有一个奇怪的部落，部落里有两种人：一种是只说真话的老实人，一种是只说假话的骗子。一个外地人来到该部落，想知道这个部落有几个骗子。中午吃饭的时候，全部落的人都围坐在一个大大的餐桌旁，外地人向每个人都问了一个同样的问题："你左边的那个人是不是骗子？"每个人都回答："是。"外地人又问酋长，部落里一共有多少人？酋长说有25人。回家后，外地人突然想起忘记问酋长是老实人还是骗子，急忙打电话询问。可是酋长不在，是酋长老婆接的，她回答："部落里一共有 36 人，我们酋长是骗子。"

根据上面的情况，请你帮助这个外地人判断一下酋长是不是骗子，这个部落一共有多少人。

256. 说谎国与老实国

中级　　难度星级：☆☆★★★　　知识点：逻辑推理

传说古代有一个"说谎国"和一个"老实国"。老实国的人总说真话，而说谎国的人只说假话。

有一天，两个说谎国的人混在老实国的人中间，想偷偷进入老实国。

他们俩和一个老实国的人进城的时候，哨兵喝问他们三人："你们是哪个国家的人？"

甲回答说："我是老实国人。"

乙的声音很轻，哨兵没有听清楚，于是指着乙问丙："他说他是哪一国人，你又是哪一国人？"

丙回答道："他说他是老实国人，我也是老实国人。"

哨兵知道三个人中间只有一个是老实国的人，可不知道是谁。面对这样的回答，哨兵应该如何做出分析呢？

257. 君子小人村

中级　　难度星级：☆☆★★★　　知识点：逻辑推理

有一个村子，村子里所有的村民要么只讲真话，要么只讲假话。我们把永远讲真话的人称作"君子"，把永远讲假话的人称作"小人"，而村子里的村民不是君子就是小人。

一次，有甲、乙、丙三个村民一块儿站在路口聊天。有个路人经过，他问甲："你是君子还是小人？"甲答了话，但相当含糊，路人听不清他说了什么，就问乙："甲说什么？"乙答道："甲说他是小人。"丙当即说："别信乙说的，他在撒谎。"请问：乙、丙各是何种人？

如果乙回答："甲说我们中间只有一个君子。"然后丙说："别信乙的，他在撒谎。"请问：乙、丙各是何种人？

258. 仓库失窃案

中级　　难度星级：☆☆★★★　　知识点：逻辑推理

某仓库被窃。经过侦破，查明作案的人是甲、乙、丙、丁四个人中的一个。审讯中，四个人的口供如下。

甲："仓库被窃的那一天，我在别的城市，因此我是不可能作案的。"

乙："丁就是罪犯。"

丙："乙是盗窃仓库的罪犯，因为我亲眼看见他那一天进过仓库。"

丁："乙是有意陷害我。"

问题一：现假定这四个人的口供中，只有一个人讲的是真话。那么（　　　）

A. 甲是盗窃仓库的罪犯

B. 乙是盗窃仓库的罪犯

C. 丙是盗窃仓库的罪犯

D. 丁是盗窃仓库的罪犯

E. 甲、乙、丙、丁都不是盗窃仓库的罪犯

问题二：现假定这四个人的口供中，只有一个人讲的是假话。那么（　　　）

A. 甲是盗窃仓库的罪犯

B. 乙是盗窃仓库的罪犯

C. 丙是盗窃仓库的罪犯

D. 丁是盗窃仓库的罪犯

E. 甲、乙、丙、丁都不是盗窃仓库的罪犯

259. 聪明的仆人

中级　　难度星级：☆☆☆★★　　知识点：逻辑推理

员外有一位聪明的仆人，这天仆人无心犯了一个无法弥补的大错。员外念及仆人的功劳不想处罚他，但又担心其他人不服。于是员外想出一个办法，让两个丫鬟每人拿一张纸条，一张纸条上写着"原谅"，另一张上写着"重罚"。这两个丫鬟一个说真话，一个说假话，而且她们都知道自己手中的纸条写着什么。仆人只能问其中一个丫鬟一个问题，来询问哪个是免于处罚的纸条。

你知道仆人怎样问才能选到写着"原谅"的纸条吗？

260. 谁打碎了花瓶

中级　　难度星级：☆☆★★★　　知识点：逻辑推理

幼儿园有六个小朋友，一天，老师走进教室时，发现花瓶被打碎了，于是问六个小朋友是谁打碎的花瓶。

小一：是小六打碎的。

小二：小一说得对。

小三：小一、小二和我没有打碎花瓶。

小四：反正不是我。

小五：是小一打碎的花瓶，所以不可能是小二或小三。

小六：是我打碎的花瓶，小二是无辜的。

六个小朋友都很害怕，所以他们每个人说的都是假话，那么谁（一定参与了）打碎花瓶呢（不一定是一个人）？

261. 八名保镖

中级　　难度星级：☆☆★★★　　知识点：逻辑推理

拿破仑身边有八名保镖。一次，有个杀手谋杀拿破仑未遂，在逃跑的时候，8个保镖都开了枪，杀手被其中一个人的子弹击中，但不知道是谁击中的，下面是他们的谈话内容。

Ａ："要么是Ｈ击中的，要么是Ｆ击中的。"

Ｂ："不管这颗子弹是否正好击中杀手的头部，都是我击中的。"

Ｃ："我可以断定是Ｇ击中的。"

Ｄ："即使这颗子弹正好击中杀手的头部，也不可能是Ｂ击中的。"

Ｅ："Ａ猜错了。"

Ｆ："不会是我击中的，也不是Ｈ击中的。"

Ｇ："不是Ｃ击中的。"

Ｈ："Ａ没有猜错。"

事实上，8个保镖中有3人猜对了。你知道谁击中了杀手吗？

262. 四个男孩

中级　　难度星级：☆☆★★★　　知识点：逻辑推理

有四个小男孩，在一起互相吹捧。

甲：四个人中，乙最帅。

乙：四个人中，丙最帅。

丙：我不是最帅的。

丁：甲比我帅，丙比甲帅。

已知，其中只有一个人在说假话。

请问：四个人中谁最帅？从最帅到最不帅的顺序怎么排？

甲：乙最帅

乙：丙最帅

丙：我不是最帅的

丁：甲比我帅，丙比甲帅

263. 四个人的口供

中级　　难度星级：☆☆★★★　　知识点：逻辑推理

某珠宝店发生盗窃案，抓到了甲、乙、丙、丁四个犯罪嫌疑人。下面是四个人的口供。

甲说：是乙做的。

乙说：是甲做的。

丙说：反正不是我。

丁说：肯定是我们四个人中的某人做的。

事实证明，这四个人的口供中有且只有一句是真话，那么谁是作案者呢？

264. 中毒身亡

中级　　难度星级：☆☆★★★　　知识点：逻辑推理

四个男人在一家饭店的包厢里用餐，他们围坐在一张正方形桌子旁边。其中的 A 先生突然中毒身亡，B、C、D 三人的妻子也目击了这一幕。警察找来三位妻子进行讯问，她们每人作了如下的两条供词。

B 的妻子：（1）B 坐在 C 的旁边；（2）不是 C 就是 D 坐在 B 的右侧。

C 的妻子：（3）C 坐在 D 的旁边；（4）不是 B 就是 D 坐在 A 的右侧，他不可能毒死 A。

D 的妻子：（5）D 坐在 A 的旁边；（6）如果我们当中只有一个人说谎，那她就是凶手的妻子。

警察经过调查得知：（7）三人当中只有一个人说了谎话。

究竟谁是凶手？

第七章

丰富的联想

　　爱因斯坦曾经说过：想象力比知识更重要。所谓想象力，指的是人在已有形象的基础上，在头脑中创造出新形象的能力。想象力可以推动科学进步，促使人类向前发展。莱特兄弟根据鸟类的飞行原理发明了飞机，让遨游天际成了现实；牛顿因苹果砸到头上而受到启发，推理出了伟大的"力学三定律"，为经典物理学奠定了基础……

　　一个人的想象力是综合各种知识和实践经验的能力，是人最重要、最有价值的一种能力，是发挥个人潜能的关键要素，是企业成功的原动力，也是社会进步的推动力。

　　想象力可以扩展人类的世界，带来新思想、新发现和新发明。科学理论的研究和科学成果的出现需要洞察力和想象力。摩擦生热让人类学会了钻木取火；木头漂浮在水上让人们了解到浮力的原理；鸟类的翅膀启发了飞机的发明……只有借助敏锐的洞察力和丰富的想象力，才能从这些看似普通的自然现象中，发现科学原理，继而创造出科研成果。

　　一个人如果能够具有丰富的想象力，那么此人的大脑在思考问题的时候就会呈现出一种扩散状态的思维模式，从同一个思维出发点开始，沿着各种不同途径、不同方向、不同角度进行思考，通过知识、观念的重新组合，可以找出更多更新的答案、设想或解决办法，这样的人才能大有前途。

在柯南道尔的《福尔摩斯探案全集》中，福尔摩斯说过这样一段话："一个逻辑学家不需要亲眼见到或者听说过大西洋或尼亚加拉瀑布，他能从一滴水推测出它有可能存在。所以整个生活就是一根巨大的链条，只要见到其中的一环，整个链条的情况就可以推想出来了。"

正是由于福尔摩斯有这种想象力，所以他的推理不仅严谨，而且往往天马行空，角度独特。

推理是个脑力活儿，有着高超的智能要求，想象力作为智力维度的一方面，对于推理而言是不可或缺的。对于人类来说，想象的过程也是认识世界、理解世界、解决问题的过程。

265. 凶手的破绽

中级　　难度星级：☆☆☆★★　　知识点：发现破绽

张局长收受贿赂的事被人举报了，他决定将此事嫁祸给李副局长。

这天夜里，张局长来到独居的李副局长家中。李副局长正在沙发上一边喝着红酒一边欣赏电视节目。见到局长大驾光临，李副局长热情地给张局长倒满了酒。这时这瓶红酒恰好空了，李副局长起身去酒柜拿酒。张局长趁机将自己带来的一小瓶氰化物倒入了李副局长正在喝的大半杯酒中。李副局长打开一瓶新的红酒，给自己的杯子倒满，然后两人开始对饮。两人抿了一小口红酒，将酒杯放在桌子上，开始聊起工作上的事。可没说几句，李副局长就毒发身亡了。张局长赶紧起身，端起自己的红酒杯去厨房洗干净后放入酒柜，然后又将地上空的红酒瓶带走，并清除了自己所有的痕迹，悄悄地离开了现场。

第二天，警察找到张局长问话。张局长表示一定是李副局长贪污的事情败露，畏罪自杀。警察却明确指出，李副局长不是自杀，而是他杀。

请问，你知道警察是如何知道李副局长是被人杀害的吗？

266. 离奇的死亡

中级　　难度星级：☆☆★★★　　知识点：设置机关

一天，富翁约翰博士被发现死在自己的别墅中。尸体是早上佣人打扫房间时发现的。警察赶到现场后，发现尸体倒在房屋的中间，胸口中了一枪。尸体的正上方是一盏吊起来的白炽灯，还在亮着。屋子里只有一扇窗户，而且是关着的，还挂着厚厚的窗帘。玻璃和窗帘上有一个弹孔。看样子像是有人从屋外 30 米远处的小树林中开枪，子弹穿过玻璃和窗帘射中死者的。可问题是窗帘是拉着的，凶手是怎样瞄准的呢？死者所在的位置是电灯下面，影子也不可能落到窗帘上。

你知道凶手到底是如何做到的吗？

267. 异地谋杀案

中级　　难度星级：☆☆☆★★　　知识点：设置机关

一天夜里，某体育馆的高台跳水游泳池里，发现了一名男子的尸体。该男子是著名的跳水运动员，身上还穿着训练用的服装。游泳池里的水很浅，可能是他一个人在训练的时候，忘记了调节下面的水量，从高处跳下时摔死了。后来经过化验，警察在死者的胃里发现了安眠药的成分，这就使案件变成了明显的谋杀案。但是死者死亡的时候，这个体育馆里确实只有他一人。唯一的嫌疑人在他死亡的这段时间里因为酒后驾车正在警察局受审。

请问凶手是如何在异地杀死他的呢？

268. 处变不惊

中级   难度星级：☆☆☆★★   知识点：发现破绽

侦探小五郎去外地出差，他一个人坐在开往巴黎的火车包厢内。这时夜已经深了，小五郎准备休息了。他刚脱掉上衣，突然一位年轻女子闯进了他的包厢。这名女子长相标致，高挑的身材像个模特一样。一进门，她就反手把门锁了起来，威胁小五郎先生交出钱包，否则她就扯开自己的衣服，诬陷小五郎拉她进包厢，意图强奸。

小五郎看了看年轻女子，自己悠闲地点燃了一根雪茄，慢慢地吸了起来。女子见他没有反应，就嬉皮笑脸地说："先生，我看你也是有身份的人。这点钱对你来说算不了什么。万一你被判强奸罪那可就不值得了……"

小五郎微笑着说："让我想想，让我想想。"就这样双方僵持了三四分钟。

女子有些不耐烦了，发出了最后通牒："你要是再不把钱交出来，我就……"还没等女子说完，小五郎就按响了床边的警铃。

女子愣了一下，随后气急败坏地脱掉自己的外衣，扯破了身上的衬衫。这时，乘警已经赶到了。女子又哭又闹，大声嚷着："三四分钟以前，这个道貌岸然的伪君子把我强行拉入他的包厢，意图非礼我！"

小五郎先生始终一言未发，悠闲地在那里抽着雪茄，前面留下了一段长长的烟灰。

乘警仔细观察了一会儿，也弄明白了怎么回事：这个女人想讹诈这位先生。于是，他毫不犹豫地把那个女人带走了。

你知道小五郎为什么能够如此镇定吗？而这个乘警又是依据什么断定小五郎是无辜的呢？

269. 猜对了一半

中级　　难度星级：☆☆☆★★　　知识点：发现细节

有人报警说在后山的小溪中发现了一名男婴尸体。侦探马上带着助手前往调查。果然，在野花盛开、水流湍急的溪涧旁，一名浑身伤痕的死婴躺在那里。婴儿大概有五六个月大，半个身体浸在水中，周围有斑斑血迹。

助手说："从尸体的伤势和腐烂程度来看，他大约死了1天，是被人虐待致死后抛尸这里的。"

侦探接着说道："你只猜对了一半，确实是死了1天左右，但是刚刚才抛到这里的。凶手想利用这里湍急的水流毁尸灭迹。"

你知道侦探为什么这么说吗？

270. 包公破案

中级　　难度星级：☆☆☆★★　　知识点：发散思维

相传北宋年间，有个才女效仿当年的苏小妹，在新婚当日，出题目试探新郎的学问。出的题目为："等灯登阁各攻书"对出下联。新郎拿着对联的上半句，冥思苦想，又到学馆与同窗一起研究还是没有结果。他一气之下，新婚之夜也没有回家，躲在学馆内彻夜研读。

第二天，妻子来找他，问他怎么一大早就跑学馆来了。新郎说自己没有对出下联，没脸入洞房。女子大惊："昨晚你不是对上了吗？"

"哪有，我在学馆研究了一整夜，也没有找到答案！"新郎说道。

女子面如土色，悔不当初。原来，她被别人钻了空子，失去了贞操。女子不甘受辱，当晚就悬梁自尽了。

官府的人不愿麻烦，只是按自杀案处理。此事惊动了开封府的包拯，他看完卷宗，发现疑点重重。于是派人明察暗访，终于了解到了冤情。经过一番思索，包拯想出了一个妙计，一举将那个骗奸的真凶抓获。

你知道包公是怎么破了这个案子的吗？

271. 假币

中级　　难度星级：☆☆★★★　　知识点：逻辑推理

小明的妈妈在早市卖水果，这天很早就回了家。"今天的生意特别好，快来看看我今天的收获。"小明跑了过去，接过妈妈拿出来的一沓人民币开始数起来。数着数着，小明突然发现一张一百元的人民币是假币，制作得和真币很像，就是颜色要比真币浓重一些。妈妈接过假币一看，直拍脑袋："我怎么就没有注意到呢！"

"这里百元的钞票只有6张，你仔细想想到底是谁给了你这张假币？"小明提醒妈妈道。

"今天用百元钞票买水果的人一共有3位，因为都是大客户，所以我记得很清楚。第一位是个年轻姑娘，买了个188元的果篮，给了我两张一百元的；第二位是个中年男子，买了两箱一共价值298元的进口水果，给了我3张一百元的；第三位是一个二十出头的小伙子，买了 120 块钱的热带水果，给了我一张一百元的和一些零钱。"妈妈认真回忆道。

"我知道了，一定是那个二十出头的小伙子给你的假币！"小明马上断定说。

你知道小明为什么这么说吗？

272. 辨认凶手

中级　　难度星级：☆☆☆★★　　知识点：发现破绽

一天，警察正在巡逻，突然听到河边有人呼救，警察立即赶了过去。只见一个蒙面男子手持一把尖刀正在抢劫一位年轻女士的财物。当警察赶到的时候，劫匪已经得手，并潜入河中向对岸逃去。警察简单向女士了解一下受伤情况，便立即沿着旁边的一座桥追了过去。当警察赶到对岸的时候，劫匪已经不见了，只留下一排逃走时的水迹。警察循着水迹追了大约 10 分钟，来到一片废弃的屋舍前，水迹也模糊起来。经过调查，警察发现废弃的屋舍里只住着两名流浪汉，他们平时都会做些小偷小摸的勾当，可究竟刚才是谁抢劫的女士呢？警察向两位流浪汉询问。流浪汉甲正在屋子里看书，他剃了一个光头，穿着一身睡衣。听说有抢劫案，他马上辩解说："我从昨晚开始一直都在家里，从没出去过。倒是隔壁的那个家伙，我听到他才从外面回来，一定是他做的。"

说着他还自告奋勇地带着警察来到了隔壁流浪汉乙的房间。只见乙正在睡觉，房间一个角落的盆里泡着一堆脏衣服。流浪汉甲一把揪起流浪汉乙："你还装睡，抢劫犯一定是你！看，你那盆衣服就让你原形毕露了！"

这起劫案究竟是谁干的呢？

273. 扑克的线索

中级　　难度星级：☆☆★★★　　知识点：唯一合理的解释

在 X 楼里发现两具尸体，是一对夫妇，他们死在自己的家中，是先后死亡，丈夫 A 先生的死亡时间是下午 5:00。妻子 B 女士的死亡时间是 4:00，凶器是一把水果刀，刀上只有 B 女士的指纹。家里的东西都被翻乱了，家中的财物也被洗劫一空，尸检报告是这样的：B 女士身中一刀致死，丈夫 A 先生身中 6 刀致死，但是 6 刀中有 1 刀的伤口是被处理过、止过血的。

死亡夫妇有两个孩子，一个是 6 岁大的儿子，还有一个是 15 岁大的女儿，当时那个 6 岁大的儿子躲在一边看到了整个案发经过，但是由于受到过度惊吓，不能开口说话了。

于是公安人员请来了专家，这位专家给那个小孩四张牌：一张 J、两张 Q 和一张 K。这个孩子将一张 J 和一张 Q 折了一下竖直地放在台上，令它们保持站立的姿势；另一张 Q 被撕碎了一点，然后平放在台子上，令它维持躺着的姿势，最后一张 K，那个孩子把它撕得粉碎。

公安人员根据这 4 张牌各自不同的姿势，再综合对各种情况的调查，终于查出了事实的真相。

请问，这不同的 4 张牌分别代表什么意思，姿势又是怎么回事，事实的真相究竟是怎样的？

274. 谁是受害者

中级　　难度星级：☆☆☆☆★★　　知识点：逻辑推理

一个人骑车去银行存钱，刚走出银行大门，就发现自己的车被偷了。关于这件事，受害者、嫌疑人、目击者和警察各有说法。他们的说法如果是关于受害者的，就是假的，如果是关于其他人的，就是真的。

甲说："乙不是嫌疑人。"

乙说："丁不是目击者。"

丙说："甲不是警察。"

丁说："乙不是目击者。"

请根据四个人的说法判定他们谁是受害者？

275. 细心的保安

中级　　难度星级：☆☆☆★★　　知识点：发现破绽

博物馆正在展出一位大师的画作，恰巧赶上周末，天气也很晴朗，很多人都前来参观。一个女贼手里拿着一把遮阳伞混了进去，并趁人不注意躲在了展厅角落里的洗手间中。等到闭馆后，展厅里空无一人时，女贼轻手轻脚地出来，从伞柄中取出了一幅赝品画作，并把真品卷好藏在了伞柄中。恰巧此时外面下起了大雨，风雨声掩盖了盗贼盗窃的声音，她的这一行动没有引起任何人的注意。女贼照例再次藏在了洗手间中。

第二天早上，雨还在下，前来参观的人却没有少多少。女贼趁人不注意溜出洗手间，拿着自己的雨伞准备神不知鬼不觉地离开博物馆，却被门口的保安拦住了，带到了保安室。经过一番搜查，保安找到了被偷的画作。

你知道这名细心的保安是如何发现女贼破绽的吗？

276. 开玩笑

中级　　难度星级：☆☆★★★　　知识点：发散思维

星期天，阿飞骑着自行车去公园玩。公园里有很多孩子，有的在放风筝，有的在玩滑板，有的在捉迷藏……突然阿飞觉得肚子不舒服，就用钢圈锁锁住车子的前轮，自己进了厕所。

可是过了 5 分钟他出来以后，却发现自己的自行车不见了。旁边玩耍的孩子笑嘻嘻地看着他。他知道一定是这些孩子中某个人的恶作剧。

你知道是哪个孩子做的吗？他是如何做到的？

277. 中毒还是谋杀

中级　　难度星级：☆☆☆★★　　知识点：发现破绽

一位经常在野外实地考察的地质学教授带着一位研究生助手去一片大草原上进行考察，2天后，学生报案说教授发生意外死了。警察来到案发现场查看，发现附近比较空旷，只有一棵比较高大的树。教授死在搭在大树下的帐篷里。他身边有一个小酒精炉，像是在煮蘑菇。初步断定教授是食用了毒蘑菇死亡的。

但是警察断定这名学生有嫌疑，你知道他的依据是什么吗？

278. 绑架设想

中级　　难度星级：☆☆★★★　　知识点：唯一合理的解释

有一个小伙子，不知道从什么途径搞到一本小册子。这本小册子异想天开地提出一个成功绑架设想，小伙子看后热血沸腾，冲动之下就选择了当绑匪。

然后，小伙子开始行动了。他选定了一户看起来很有钱的家庭，而且这户家庭的两个大人都是做生意的，常常只留一个小孩在家。

绑匪几乎没费多大力气就成功将小孩绑了出来。接下来才是最关键的，那就是打电话给家长，管他们要钱，这一环节也最容易出问题，因为小孩家长一发现小孩不见了，有很大的可能报警，所以，电话很有可能正被一帮人监听着，一个不小心，被警察顺藤摸瓜地端了也不是没有先例的事情。

于是，绑匪使用的是公用电话，这是一种保险手段，即使警察定位了电话地址，也不过是个公用电话而已，人在交代完事情后早已转移。

在电话中，绑匪索要了一百万的赎金，要求家长装在一个大包中，然后去订长途火车票，火车当然是越破越好，坐上火车后再等电话。

是的，这便是那个小册子中提出的奇妙想法。因为在整个绑架过程中，怎样取到钱才是最难的。毕竟，总得交代一个放钱的地点，总得有人去取，于是，警察经常采取守株待兔的方法将绑匪捕获，或者绑匪找一个无关的人去拿钱，警察没抓到绑匪，绑匪也没拿到钱，毫无意义。

现在，问题解决了，火车这工具，路线长而难以实施全路段监控，而且经常路过荒僻地段，只要等火车走到类似于这样的地段，打个电话让家长在看到 XX 标志（比如某电线杆子）后，把装钱的包扔出窗外，即使家长身边有警察跟随也没用，总不能跟钱包一起跳车吧，那玩意儿经得起摔，人可经不起；那让火车停下来呢？不说火车有自己的调度规则，就算公安系统事先打过招呼，铁路系统也作出回应表示配合，那种随叫随停的事也是不可能的，好吧，就算火车最终停了下来，相信也已经过了很长时间，火车停的地方也肯定离目标点有很长的距离，警察们千辛万苦赶到目标点，绑匪早已大摇大摆地把钱拿走，逍遥去了。把取钱的地点从固定的变成非固定的，这就是这本小册子的核心设想。

绑匪事实上也是这么做的，当他拿到那一大包的钱时，几乎幸福得晕过去：原来当绑匪竟是这么有"钱"途的事。然而不久，绑匪就笑不出来了，因为他被逮捕了！

这是怎么回事，不是万无一失的策略吗？他在执行过程中可能哪个环节出错了呢？请设想一种合理的解释。

279. 骗保险金

中级　　难度星级：☆☆☆★★　　知识点：发现破绽

一天，一个集邮爱好者报警说，自己的一张价值连城的邮票被盗了。警察马上赶到了报案人的家中，只见房屋的大门和放邮票的玻璃展柜门都有撬开的痕迹。失主告诉警察，自己外出回来，就发现屋子的门被撬开，自己最珍贵的一枚邮票不见了。他说着指了指邮票展柜中一个空位说，那枚价值连城的邮票原来就放在那里。

"你的其他邮票也蛮珍贵的嘛！"警察说道。

"那是，一般的邮票我才懒得收藏呢！我丢的那枚更值钱，我投了100万的保险呢！"

"你要和我们走一趟了，我怀疑你是为了骗取保险金。"警察说。

你知道这名警察的判断依据是什么吗？

280. 百密一疏

中级　　难度星级：☆☆☆★★　　知识点：发现破绽

某富翁得知有警察要来调查自己的非法资产，就将自己大部分的财产装在一个密闭的铝合金大箱子里，用私人飞机运到大海上，投入一个秘密的地方。他打算在事情结束之后，再想办法打捞出来。

本来以为一切毫无破绽，过程中又没有任何人看到，为什么警察还是找到了他藏匿赃款的地方呢？

281. 密室盗宝

中级　　难度星级：☆☆☆★★　　知识点：唯一合理的解释

一个富翁收藏了一颗价值连城的钻石，有一天，著名的大盗给他寄了封信："今晚 12 点左右我要把你的钻石偷走。"富翁看到这封信很害怕，立刻报了警，警方决定布控监视富翁家。富翁把钻石放到盒子里，然后将钻石和盒子一起放到自己家的一个密室里，这个密室除了一个石门外，没有其他能进入的途径。警察就在石门外守着。等到钟声敲过 12 点，刚刚 5 分钟，就有个信差送来一封信："我已经拿到想要的钻石了。"警察赶忙打开密室，发现盒子还在，钻石已经不翼而飞了。这到底是怎么回事呢？

282. 检验毒酒

高级　　难度星级：☆★★★★　　　知识点：逻辑推理

一个国王有 1000 瓶红酒，并打算在他的六十大寿时打开来喝。不幸的是，其中一瓶红酒被人下了毒，凡是沾到者大约 20 小时后开始有异样并马上死亡（只沾到一滴也会死）。由于国王的大寿就在明天（假设离宴会开始只有 24 小时的时间），就算有千分之一的可能国王也不想冒险，他要在宴会之前把有毒的酒找出来。所以，国王就吩咐侍卫用监牢里的死刑犯来检验酒。请问最少需要多少个死刑犯才能检验出毒酒呢？

283. 被小孩子问倒了

中级　　难度星级：☆☆★★★　　　知识点：发现破绽

上大学时，我去一位教授家拜访。教授有两个孙子，一个六岁，一个八岁。我经常给那两个孩子讲故事。

一次，我吓唬他们说："我会一句魔法咒语，能把你们俩全变成小猫哦。"

没想到他俩一点也不怕，反而很感兴趣地说："好啊，把我们变成小猫吧。"

我只好支吾道："可是……变成小猫后就没法变回来了。"

小的那个孩子还是不依："没关系的，反正我要你把我们变成小猫。"

大的那个孩子说道："那你把这句咒语教给我们吧。"

我答道："如果我要告诉你们咒语是什么，我就把它念出声了，你们就变成小猫了。而且不光是你们两个会变成小猫，所有听到的人都会变成小猫，连我自己也不例外。"

小的那个孩子说："那可以写在纸上嘛！"

我答道："不行，不行，就算只是把咒语写出来，看到的人也会变成小猫的。"

他们似乎信以为真，想了一会儿觉得没意思了，就去玩别的了。

如果你是这个孩子，你会怎么反驳我呢？

284. 到底谁算是凶手？

高级　　难度星级：☆★★★★　　知识点：矛盾的现场

有一支探险队正在穿越撒哈拉大沙漠，他们遭受了沙暴，所有的补给都丢失了，只能靠随身带着的水袋活命。一天晚上，探险队里的 A 决意杀死队员 C，于是他趁 C 睡觉的时候在 C 的水袋里投了毒。同时探险队里的 B 也决意杀死 C，他就偷偷在 C 的水袋上钻了一个小孔，让袋里的水慢慢漏掉，想渴死 C。当然，B 并不知道 C 的水袋已经被 A 下毒了。水袋里的水当晚就漏完了，C 也在几天后因没水喝而渴死。现在问：到底谁该为 C 的死负责？

285. 第一现场

中级　　难度星级：☆☆☆★★　　　　知识点：发现破绽

寒冬的夜晚，有位出诊的内科医生，被狂奔的四轮马车撞死。带着七分酒意的马夫，唯恐邻近的警察发现，于是就把医生的尸体和药箱搬到了马车上，然后快马加鞭地赶回家，把尸体和药箱藏在小屋里，放在火炉边上待了一夜。第二天凌晨，肇事者把尸体和药箱用马车装载，丢到荒郊的池塘里，并精心造成失足落水的假象。

尸体被发现后，警察到现场验尸，当他检视完浮肿、变形的尸体及药箱后，直截了当地断定说：“这里不是第一现场，这具尸体被移动过，也就是说这起案件是他杀，而不是意外落水。”

警察根本没有解剖尸体，那么他到底是怎么看出肇事者干的勾当呢？

286. 不在场的证明

中级　　难度星级：☆☆★★★　　　　知识点：发散思维

在一个初秋的夜晚，一名独居的男子被人用瓦斯毒死在他房子里。半夜时，管理员因为闻到瓦斯外泄的气味，所以才将他的房门打开，于是就发现了尸体。

厨房中的瓦斯开关上接了一条长长的塑胶管，瓦斯正大量地从管中外泄出来。而且不知是什么原因，在厨房的地板上有一大片水渍。

解剖尸体后，发现死因是一氧化碳中毒，而且死者还曾经服用过少量的安眠药。死亡的时间大约是晚上9点钟。在这个狭小的房间里，若是关上门窗，再将瓦斯全部打开的话，在20分钟内就必定会死亡。也就是说，凶手可能在8点40分左右就开了瓦斯然后逃走。

但是，两天后警方逮捕了犯罪嫌疑人，却发现犯罪嫌疑人当天晚上 7 点时，正因车祸而被警方关在拘留所中，整整关了一个晚上。而若是这名犯罪嫌疑人在 7 点之前就开了瓦斯，然后逃走，则被害者的死亡时间应该是 7 点 20 分才对。不过，被害者的确是死于 9 点钟左右。

那么，这名犯罪嫌疑人究竟是用什么方法，使瓦斯延后了 1 小时 40 分钟才释放出来呢？

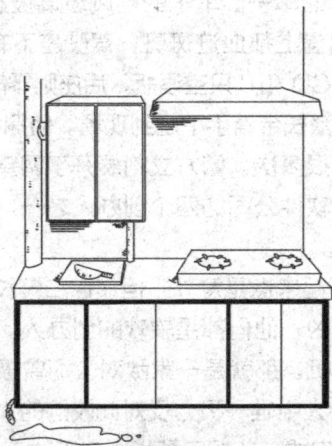

287. 意外还是谋杀

中级　　难度星级：☆☆★★★　　知识点：唯一合理的解释

一个侦探在一座直上直落的山崖上做跳伞运动，那座大山上有一条盘山公路，山腰处有一个村镇。侦探不经意间看到了惊险的一幕。

一辆敞篷跑车从山腰的村镇中冲了出来，直直冲向了悬崖。要不是撞到了路边的围栏，连人带车一定会摔个粉碎。只见车子怒吼着猛烈地撞在公路远离悬崖一侧的围栏上，发出"轰"的一声巨响，坚固的围栏被撞出一个缺口，碎片纷纷散落下山崖，车子才停了下来。一个人从车里面像是纸扎的玩偶一样呈抛物线被弹射了出来，重重地跌落在山崖上的路旁。

一切发生得太快了！侦探看得目瞪口呆，但他意识到有严重的事故发生了，便立刻用无线电话报了警。之后，他迅速跑向那动也不动的受害者，看能否给予帮助。但经过详细的检查后，他发现那受害者浑身是血，已经死掉了。于是，他在警方赶到前，大略检查了那部撞得不像样的车子。车子的挡风玻璃被震碎，散落了一地。驾驶座上以及方向盘上都血迹斑斑，驾驶座下有几块石头散落着，前座放着几张音乐 CD 和几只空酒瓶，后座则零散地放着一些杂志。

二十分钟后，警长带着手下赶到现场。侦探和警长是老朋友了，他们曾一起合作过很多次。警方立刻展开了调查工作，发现死者 A 是一家名为软软的软件公司的四个创办人之一。而这家公司就位于山腰的那个村镇里。

虽然 A 的死看起来像是意外，但侦探和警长经过明察暗访，很快就锁定了三个疑凶，他们都是软软的创办人。并且，他们查到了一个极为可能的动机。那就是一家敌对公司曾极力想收购软软，但由于 A 是四个创办人中唯一极力反对此收购的人，因此涉及五亿美元的交易一直没能完成。侦探和警长决定不动声色地对三个疑凶 B、C、D 分别录取口供。

"A 当时的心情非常差，发着脾气，"会计师 B 说道，"整个早上他都在喝酒，他一拿起车的钥匙就走出了门。我在后面对着他喊叫，'喝酒不要开车'，我没听到他的回答，我以为他听了我的劝告。但是几分钟后，我听到车子引擎的响声。如果我当时不是忙着赶做一份表单，我一定会追他回来的。我完全不知道他会弄到连自己的命都丢掉了。"

C 的供词证实了 B 的描述，"当时我在车库里，也就是我现在的办公室。我听到前门被重重地关上。当我从车库的窗口望出去时，我见到 A 正向他的车摇摇晃晃地走去。我没在意，便继续工作着，直到我听到车子引擎的响声。我望出去，看见 A 正开着他的跑车离去。我当时有点担心，但也没想太多，直到警方带来了噩耗后，我才后悔当时没有阻止他离去。"

D 是 C 的妻子，"我当时在楼上的办公室听着电话。我不记得前门曾被大力地关上，但我的确听到一些声音，A 好像跟谁在争吵，我不知道他们是在里面还是在外面吵。我想我记得像是听到车轮摩擦地的响声，但是我不太肯定。"

听完了所有的口供后，侦探和警长立刻集中精力调查其中一个创办人，很快，那人便认了所有的罪。那么，B、C、D 谁才是凶手？

288. 锦囊妙计

中级　　难度星级：☆☆★★★　　知识点：逻辑推理

小刘从乡下到城里打工，虽然自认很聪明，但是找了几个用人单位，都嫌他学历不够，不肯录用他。在城里待了没几天，钱都花光了，两顿饭没吃到东西。他听人说有个饭店老板很爱逻辑学，就想去碰碰运气，看能不能要到一顿饭。到了饭店的时候，正好赶上老板闲来无事。

小刘对老板说："我想问您两个问题，您只能回答'是'或者'不是'，不能用其他的语句。但在正式提问以前，我要与您预先讲好，您一定要听清楚之后再郑重回答，而且两个问题的答案都必须在逻辑上是完全合理的，不能自相矛盾。"

老板好奇地看着小刘，小刘接着说："如果您同意我的条件，我问完这两个问题，您会心甘情愿地请我吃顿饭的。"

老板的兴趣愈发浓重了，就答应了他的要求。

结果，老板不但心甘情愿地请小刘吃了顿饭，还让他在自己的店里工作了。你知道小刘的两个问题是什么吗？

289. 死因

中级　　难度星级：☆☆☆★★　　知识点：唯一合理的解释

一天早上，一位董事长死在自己家的车库里。警察接到报案后马上赶到现场。调查发现死者倒在车旁，死因是氰酸钾中毒，死亡时间是当天早上 7 点左右。看样子他应该是准备开车出门时，吸入了剧毒气体致死的。

可是调查发现，那天早晨没有任何人接近过车库，现场也没有发现能产生氰酸钾的药品和容器。

那么，罪犯到底是怎样把他毒死的呢？

290. 司机哪儿去了

中级　　难度星级：☆☆☆★★　　知识点：唯一合理的解释

一天夜里，在一辆运货的蒸汽机车上，副驾驶员向列车长报告说："不好了，刚才山本司机跳车逃走了。"

列车长大吃一惊，马上报警。警察沿着铁路线寻找，却没有发现任何痕迹。这究竟是怎么回事？司机为什么凭空消失了？

291. 选择箱子

高级　　难度星级：★★★★★　　知识点：逻辑悖论

一天，一个从外层空间来的超级生物欧米加在地球着陆。

欧米加搞出一个设备来研究人类的大脑。欧米加用两个大箱子检验了很多人。箱子 A 是透明的，总是装着 1000 美元；箱子 B 不透明，它要么装着 100 万美元，要么空着。

欧米加告诉每一个受试者："你有两种选择，一种是你拿走两个箱子，可以获得其中的东西。可是，当我预计你这样做时，我就让箱子B空着。你就只能得到1000美元。另一种选择是只拿箱子B。如果我预计你这样做时，我就在箱子B中放进100万美元。你能得到全部款项。"

说完，欧米加就离开了，留下了两个箱子供人选择。

一个男人决定只拿箱子B。他的理由是——

我已看见欧米加尝试了几百次，每次他都预计对了。凡是拿两个箱子的人，只能得到1000美元。所以我只拿箱子B，就会变成百万富翁。

一个女孩决定要拿两个箱子，她的理由是——

欧米加已经做完了他的预言，并已离开。箱子不会再变了。如果B是空的，那它还是空的；如果它是有钱的，它还是有钱。所以我要拿两个箱子，就可以得到里面所有的钱。

你认为谁的决定更好？两种看法不可能都对，哪一种错了，它为何错了？

292. 探险家的位置

中级　　难度星级：☆☆★★★　　知识点：唯一合理的解释

有位探险家在一个地方插了一杆旗，然后他从这杆旗出发往南走100米，再往东走100米，这时他发现那杆旗在他的正北方。请问这位探险家把旗插在了地球的哪个位置？

293. 台长的密室

中级　　难度星级：☆☆★★★　　知识点：唯一合理的解释

柯南去电视台看一部侦探片的录制过程，这次节目的主持人是L先生和D小姐。D小姐是这里快要辞职的一个主持人（原因不明）；L先生的业余爱好是打枪，而且技术很高，在公司还是一流的主持人，自己却很谦虚。

节目的开始又是那老一套的对话，持续了一个多小时，这个侦探片的内容让柯南无聊得简直要睡着了。这时，突然冲进来一位勤杂人员，他报告的消息却让柯南猛地清醒过来。

"十分钟前，台长先生在6楼……被……被枪杀了！我……我就跑来了……"说着便晕过去了。柯南本能性地从现在的9楼（顶层）直冲向案发的6层。

电视台的楼很大，而且只有一个楼梯，从9楼录制节目的房间跑到案发现场用了柯南六七分钟的时间。

站在被那个勤杂人员撞开的门前，柯南检查了一下室内和门锁——锁是从里面反锁上的，屋里面只有一扇大的长方形窗户，以中心为轴可上下旋转，台长的尸体背靠着窗下的墙，蹲坐在地上。而窗户上印出一个花朵形的血迹，显然是被枪杀的时候溅上的。这间房子，当然成了无可挑剔的密室。

根据调查，台长这段时间因为公司人员晋升的问题跟L发生了矛盾，身为神枪手的L自然有了嫌疑，但是，有目共睹，L一直在9层直播节目，根本没有足够的时间作案。仅有的线索是有人看到他曾在中场休息的时候出门去2~3分钟。但这点时间根本不够跑到台长所在的6楼去。

当警察问他那2~3分钟在干什么时，L回答说他在和台长通电话。检查了双方的手机，确实有一条通话时间大约1分钟的记录。

请问台长是被谁杀害的？密室又是如何形成的呢？

294. 金属棒上的图书馆

中级　　难度星级：☆☆★★★　　知识点：发散思维

某一天，外星人来到了地球。他们和人类进行了和平友好的交流，教给了我们很多新的科学和技术。在他们准备离开的时候，地球方面的代表提出把地球上所有图书馆里的藏书都作为礼物送给外星人："虽然我们的科学技术没有你们发达，但是这些书里记录了我们所有的文化，你们感兴趣就带走吧。"

外星人回答道："这些书是你们地球人几千年来的积累，我们带走不太合适；而且我们的飞船也装不下这么多的书。不过，我们确实对你们的文明很感兴趣，想把这些书的内容复制下来回去好好研究。"

地球代表忙道："我们可以把书的内容扫描下来，刻录成光盘给你，这样重量会减轻很多。"

外星人道："不用麻烦，我们只需要一根 1 厘米长的金属棒就可以把你们所有书的内容复制下来了。"

你知道这个外星人是如何做到的吗？

295. 他是怎么死的

中级   难度星级：☆☆★★★   知识点：设置机关

一天夜里，一个恶贯满盈的商人在峭壁险峻的海岸山道上开车，当车到了一个急转弯处时，突然前方急驶而来一辆车。两辆车速度差不多，离得越来越近。而且无论他怎么转弯，对面的车都与他相同，像是故意要与他相撞一样。眼看就要撞在一起了，商人马上猛打方向盘，只听哗啦一声，车子飞下了悬崖。商人也因此死了。

警察调查发现，那附近应该不会有其他车辆，因为那座山被商人买下，在上面建了豪华公寓自己居住，所以只有商人才会走那条路。

这位商人到底是怎么死的呢？

296. 扑克牌的顺序

中级   难度星级：☆☆★★★   知识点：逻辑思维

大家都知道扑克牌，一副牌一共有 54 张，其中有 2 张王牌，其余的 52 张牌则分为红桃、方块、梅花、黑桃四种花色，每种花色各 13 张。

我们取这样一副扑克牌，去掉其中的 2 张王牌，然后给剩下的 52 张牌编号，号码从 1 编到 52。

这样，在初始状态下，这 52 张牌是 1 号在最下面，2 号在从下往上数第 2 张的位置，3 号在第 3 张的位置……第 52 号则在最上面。

现在我开始洗牌。假如我洗牌的技术一流，每次都会把这副牌平均分成 26/26 两手，而且每次洗下来的牌都是左右各一张相间而下。（每次洗牌都先让编号为 1 的牌最先落下）

这样，第一次洗完牌之后，这副牌的状态变成：1，27，2，28，3，29……26，52。

现在请问：按照上面的洗牌规则，我一共需要洗几次牌才能使这副牌又重新回到初始状态（即 1，2，3，4……51，52 从下到上排列）？

297. 盗窃案

高级　　　难度星级：☆★★★★　　　知识点：逻辑思维

一名商人出去度假期间邀请了十名机智的老朋友到他的豪宅去度假，另一方面也是想让他们帮自己看几天家。这十个人分为三类，分别是小偷、平民、警察。小偷只能识别平民，平民只能识别警察，而警察识别不了其他人的身份。他们相互间不能揭发身份或自曝身份，但是只有当警察抓住小偷时才能自曝身份。每个小偷一天偷一次。小偷和平民都可以写匿名检举信。如果小偷对同类进行盗窃，被盗的小偷发现物品被偷不会喊叫，如果被偷的是平民，当他发现物品被偷一定会喊叫，如果被盗的是警察，警察会当场击毙该小偷。他们分别住在二楼共用一条走廊的十间单人房里。房门号是房主的姓，每个房门外右边的墙上各有一个带锁的邮箱。他们每人都有一把自己邮箱的钥匙。每天早晨 6:00，报童在十个邮箱里各放一份报纸。

房间示意图如下表所示：

孔	张	赵	董	王
李	林	徐	许	陈

第一天，早上 9:00 刚起床的十个人，各自在房里看完报纸后，中午 11:00 在一楼客厅里相互介绍了自己的名字后便自己做自己的事去了。这一天没有平民的叫喊和警察的枪声。

第二天，与第一天一样。一位警察仍然早上 9:00 起床并拿出自己邮箱里的报纸回房了。他一直在看报纸。突然，听见 4 个人的喊叫声。然后，10 个人都集合在走廊上，并相互认识了被盗的 4 人。之后，这位警察回到自己的房里，思考案情：自己住在陈号房，而张号、王号、李号和徐号房被盗。

第三天，心里烦躁的警察 6:00 就起床去拿报纸。打开邮箱，却发现邮箱里除了一份当天的报纸外还有 5 封匿名检举信。警察赶紧回到房内把信摊开在桌子上，发现这 5 封信是由 5 个人分别写的。第一封信的内容是：董，许，林，孔。第二封信的内容是：林，董，赵，许。第三封信的内容是：孔，许，赵，董。第四封信的内容是：赵，董，孔，林。第五封信的内容是：许，孔，林，赵。警察思考着，突然，他抓起这 5 封信冲了出去，抓住了正在睡觉的几个小偷。可他们并不承认，当警察拿出证据时，他们就分别说出了自己藏在离豪宅不远的赃物。

如果你就是这位警察，你是如何破解这个谜案的？

298. 聪明程度

中级　　难度星级：☆☆★★★　　知识点：逻辑思维

1987 年的某一天，伦敦《金融时报》刊登了一个很怪异的竞赛广告。这个广告要求参与者寄回一个 0~100 之间的整数，获胜条件是你选择的这个数，最接近全体参与者寄回的所有数的平均值的2/3。获胜者将获得两张伦敦到纽约的飞机头等舱的往返机票。

如果你是这个竞赛的参与者，你会选哪个数呢？

299. 丢失的钻石

中级　　难度星级：☆☆★★★　　知识点：唯一可能的解释

住在城堡顶层的公主有一颗美丽的钻石。一天，公主把它放在窗子边的桌子上就下楼去玩。过了一会儿，等公主回到房间后发现钻石不翼而飞。过了几天，一位花匠在城堡后面的花园中打死了一条蛇，在蛇肚子里发现了这颗钻石。可是蛇是不可能爬那么高进入公主的房间的，丢失钻石期间又没有人进过公主的房间。你知道钻石是怎么跑到蛇的肚子里了吗？

300. 所罗门断案

中级　　难度星级：☆☆☆★★　　知识点：博弈

《圣经》中有这样一个所罗门国王判案的故事。

有两位母亲都说自己是一个孩子的真正母亲，她们争执不下，只好请求所罗门国王来判决。所罗门国王拿出一把剑，声称要将孩子一分为二，给两位母亲一人一半。这时，真母亲不忍心看着自己的孩子被杀掉，因此提出宁愿将孩子判给对方；而假母亲则觉得反正自己得不到，所以同意杀婴。所罗门国王通过对比她们的表现，就知道了愿意让出孩子的母亲才是孩子真正的母亲，于是宣布把孩子判给这位真正的母亲。

这个故事不仅向我们展示了母爱的伟大，也向我们昭示了所罗门国王的智慧。然而，所罗门国王的方法真的这么容易就能成功吗？

301. 找出重球

中级　　难度星级：☆☆☆★★　　　知识点：逻辑推理

一个钢球厂生产钢球，其中一批货物中出现了一点差错，使得 8 个球中，有一个略微重一些。找出这个重球的唯一方法是将两个球放在天平上对比。请问最少要称多少次才能找出这个较重的球？

302. 不合格的钢球

高级　　难度星级：☆★★★★　　　知识点：逻辑推理

一家工厂生产钢球，合格的产品要求所有钢球完全一样重。但是有一天生产了 12 个钢球，工程师发现机器出了点毛病，使这 12 个钢球中的一个与正常的钢球质量有了偏差，可能偏轻也可能偏重。

现在需要将这个不合格的产品挑出来。但是手上只有一个天平，没有任何砝码和刻度。只能确认两个托盘里的物品是否平衡，而量不出重量。

请问你可不可以只用这个天平，只称 3 次就找到那个不合格的钢球。

303. 我被骗了吗？

中级　　难度星级：☆☆★★★　　　知识点：自相矛盾

在我小学的时候有件事情困扰了我很久，并让我从此迷上了逻辑。那天是四月一日愚人节，一大早我哥哥就过来和我说："弟弟，今天是愚人节，我要好好骗你一回，做好准备吧，哈哈。"

我从小就很争强好胜，所以那一整天我都提防着他，不想被他成功骗到。但是直到那天晚上要睡觉了，哥哥都没有再和我说过一句话，更别说骗我了。妈妈看我还不睡，问我怎么了。

我把早上的事情说了一下，妈妈就把哥哥叫来说："你就别让弟弟等着不睡觉了，赶快骗一下他吧。"

哥哥回过头问我："你一整天都在等着我骗你吗？"

我："是啊。"

他："可我没骗吧？"

我："是啊。"

他："这不得了，我已经把你给骗到了。"

那天晚上我在自己的床上翻来覆去想了很久，我到底有没有被骗呢？

第八章

智慧大推理

　　逻辑推理是指根据已有的判断，通过分析和综合引出新判断的过程。

　　逻辑推理是以敏锐的逻辑分析、快捷的反应，迅速地掌握问题的核心，在最短时间内作出合理正确的选择的过程。逻辑推理能力是对事物进行观察、比较、分析、综合、抽象、概括、判断、推理的能力，是思维的基础，是每个人都必须具备的基本能力。将来你想要成为现代社会所需要的人才，基本条件之一就是要具有独立思考的能力和勇于创新的精神。而这都与你的逻辑思维能力有着莫大的关系。

　　有的人通过努力学习，掌握了大量的知识和技术，却不知道怎么利用自己的知识去解决现实问题。爱因斯坦说过："你能不能看到眼前的现象，不仅仅取决于你的肉眼，还取决于你用什么样的思维，思维决定你到底能观察到什么。"

　　推理的本质功能是推出新结论，生成新知识。提高逻辑推理能力，才是提升智力的有效途径。逻辑推理能力强，思维反应活跃，才能将掌握的知识组合起来，将零碎的信息合理地拼接组合成符合事实的过程，帮助我们弄清步骤、安排时间、分析思路等。

　　做侦探推理游戏的时候，要不断对推理假设进行验证与修正，尽可能地让推理精准，这样才能通过推理找出真凶。因此，在推理过程中，不断地利用推理结论调整取证思路，才可以更好地找出事件的真相。

304. 芝加哥需要多少调音师

中级　　难度星级：☆☆★★★　　知识点：逻辑推理

在一次演讲中，著名物理学家费米向大家提了这样一个问题："芝加哥需要多少位钢琴调音师？"

对于这种问题，你知道该如何回答吗？

305. 一只猫毁了一个指挥部

中级　　难度星级：☆☆★★★　　知识点：逻辑推理

A 军的一个旅司令部在前线构筑了一座极其隐蔽的地下指挥部。指挥部的人员深居简出，十分诡秘。不幸的是，他们只注意了人员的隐蔽，而忽略了长官养的一只小猫。B 军的侦察人员在观察战场时发现：每天早上八九点钟左右，都有一只小猫在 A 军阵地后方的一座土包上晒太阳。

据此，他们判定那个掩蔽点一定是 A 军的高级指挥所。随后，B 军集中六个炮兵营的火力，对那里实施猛烈袭击。

事后查明，他们的判断完全正确，这个 A 军地下指挥所的人员全部阵亡。

你知道他们判断的依据是什么吗？

306. 寻求真相

中级　　难度星级：☆☆★★★　　知识点：逻辑推理

一群人组织去原始森林里打猎。这些人分成了几个小组，每个小组都有一部步话机。如果遇到险情，可以用这部步话机联系在这个地区上空徘徊的直升机求救。

当大家都打猎回来后，人们发现其中有个小组失踪了。通过努力寻找，人们在一个山谷里找到了他们的尸体。

这些人是怎么遇难的？为什么这些人没有得救？如果你是活动的组织者，你就要不得不考虑这个问题。是因为这些人不知道怎样使用步话机吗？或者是因为他们过于惊慌导致没有想起使用步话机？还是因为负责接收步话机信号的直升机驾驶员玩忽职守？又或者步话机的信号被山体隔断了？总之在没有进一步调查以前，这些可能都是存在的。

遇到类似的问题时，我们该如何寻求事情的真相呢？

307. 指认罪犯

高级　　难度星级：☆★★★★　　知识点：逻辑推理

警察叫 4 个男人站成一排，然后让一位目击者从这 4 个人中辨认出 1 个罪犯。目击者寻找的男人，长得不高、不白、不瘦，也不漂亮，尽管这些特征中的任何一个都可能让人拿不准。

在这一排人之中：

（1）4 个男人每人身旁都至少站着一个高个子；

（2）恰有 3 个男人每人身旁至少站着一个皮肤白皙的人；

（3）恰有两个男人每人身旁至少站着一个骨瘦如柴的人；

（4）恰有一个男人身旁至少站着一个长相漂亮的人。

在这 4 个男人中：

（5）第一个皮肤白皙，第二个骨瘦如柴，第三个身高过人，第四个长相漂亮；

（6）没有两个男人具有一个以上的共同特征（即高个、白皙、消瘦、漂亮）；

（7）只有一个男人具有两个以上的寻找特征（即不高、不白、不瘦、不漂亮）。此人便是目击者指认的罪犯。

目击者指认的罪犯是哪一个人？

提示：首先，判定在 4 个人排成的一行中，高个、白皙、消瘦、漂亮者的可能位置。然后，判定每个男人的全部可能特征。最后，挑出只具备高个、白皙、消瘦、漂亮这四个特征中的一个的男人。

308. 被偷的答案

中级　　难度星级：☆☆★★★　　知识点：逻辑推理

一天，在迪姆威特教授讲授的一节物理课上，他的物理测验的答案被人偷走了。有机会窃取这份答案的，只有阿莫斯、伯特和科布这三名学生。

（1）那天，这个教室里总共上了五节物理课。

（2）阿莫斯只上了其中的两节课。

（3）伯特只上了其中的三节课。

（4）科布只上了其中的四节课。

（5）迪姆威特教授只讲授了其中的三节课。

（6）这三名学生都上了两节迪姆威特教授讲授的课。

（7）这三名被怀疑的学生出现在这五节课的每节课上的组合各不相同。

（8）在迪姆威特教授讲授的一节课上，这三名学生中有两名来上了，另一名没有来上。事实证明来上这节课的那两名学生没有窃取答案。

这三名学生中谁偷了答案？

309. 四种语言

中级　　难度星级：☆☆★★★　　知识点：逻辑推理

联合国正在召开一次代表会议，在会议厅里，4位代表围着一张圆桌坐定，侃侃而谈。

他们之间的交流一共用到了中文、英文、法文、日文4种不同的语言。

现在已经知道的是：

（1）甲、乙、丙各会两种语言；

（2）丁只会一种语言；

（3）有一种语言4人中有3人都会；

（4）甲会日语；

（5）丁不会日语；

（6）乙不会英语；

（7）甲与丙不能直接交谈；

（8）丙与丁不能直接交谈；

（9）乙与丙可以直接交谈；

（10）没有人既会日语，又会法语。

请问：甲、乙、丙、丁各会什么语言？

310. 未知的数字

高级　　难度星级：★★★★★　　知识点：逻辑推理

一个教逻辑学的教授，有三个学生，都非常聪明！

一天教授给他们出了一道题，来测试他们的聪明程度。教授首先在每个人脑门上贴了一张纸条，并告诉他们，每个人的纸条上都写了一个正整数，且某两个数的和等于第三个数！（每个人可以看见另外两个人头上贴的两个数字，但看不见自己头上贴的数字。）

然后，教授开始问第一个学生：你能猜出自己头上贴的数字是什么吗？

第一个学生回答：不能。

教授接着问第二个学生，他回答：不能。

接着是第三个，回答还是不能。

教授回头再问第一个，回答：不能。

问第二个，回答：不能。

问第三个，回答：我猜出来了，是144！

教授很满意地笑了。

请问您能猜出另外两个人头上贴的数是什么吗？

并请说出理由！

311. 谁说的是对的

中级　　难度星级：☆☆★★★　　知识点：逻辑推理

A、B、C、D、E、F、G 七个人在争论今天是星期几。

A：今天是星期三。

B：不对，后天是星期三。

C：你们都错了，明天是星期三。

D：胡说！今天既不是星期一，也不是星期二，更不是星期三。

E：不对！你弄颠倒了，明天是星期四。

F：我确信昨天是星期四。

G：不管怎样，昨天不是星期六。

他们之中只有一个人讲对，是哪一个？今天到底是星期几？

312．纸片游戏

高级　　难度星级：☆★★★★　　知识点：逻辑推理

甲、乙、丙、丁、戊五个人在玩一个游戏，他们的额头分别贴了一张纸片，纸片分黑色和白色两种。

每个人都知道自己头上纸片的颜色，但是看不到。每个人都可以看到别人头上纸片的颜色。

这时，几个人开始说话，他们表达的内容如下。

甲说："我看到三片白色的纸片和一片黑色的纸片。"

乙说："我看到了四片黑色的纸片。"

丙说："我看到了三片黑色的纸片和一片白色的纸片。"

戊说："我看到了四片白色的纸片。"

现在已知：头上贴着白色纸片的人说的是真话，头上贴着黑色纸片的人说的是假话。

由此，你能推断出丁头上贴的纸片是什么颜色的吗？

313．令人注目的特点

高级　　难度星级：☆★★★★　　知识点：逻辑推理

女儿国国王有三个女儿，这三个女儿都分别有一些令人注目的特点。这些特点包括：聪明、漂亮、多才多艺和勤劳能干四种。每个人都具有其中的若干种特点。

现在已经知道：

（1）恰有两位非常聪明，恰有两位十分漂亮，恰有两位勤劳能干，恰有两位多才多艺；

（2）每个女儿至多只有三个令人注目的特点；

（3）对于大女儿来说，下面的说法是正确的：如果她非常聪明，那么她也多才多艺；

（4）对于二女儿和小女儿来说，下面的说法是正确的：如果她十分漂亮，那么她也勤劳能干；

（5）对于大女儿和小女儿来说，下面的说法是正确的：如果她多才多艺，那么她也勤劳能干。

请问：哪一位女儿并非多才多艺？

提示：先判定哪几位女性勤劳能干。

314. 额头上的数字

高级　　难度星级：☆★★★★　　知识点：逻辑推理

Q 先生、S 先生和 P 先生在一起做游戏。

Q 先生在两张小纸片上各写一个数。写数的时候不让 S 和 P 两个人看到。这两个数都是正整数，而且它们的差为 1。

他把一张纸片贴在 S 先生额头上，另一张贴在 P 先生额头上。于是，两个人都只能看见对方额头上贴的数字，而不知道自己额头上贴的数字。

然后，Q 先生开始不断地轮流问 S 先生和 P 先生："你们谁能猜到自己头上的数？"

S 先生说："我猜不到。"

P 先生说："我也猜不到。"

S 先生又说："我还是猜不到。"

P 先生又说："我也猜不到。"

S 先生仍然猜不到；

P 先生也猜不到。

S 先生和 P 先生都已经三次猜不到了。

可是，到了第四次，S 先生喊起来："我知道了！"

P 先生也喊道："我也知道了！"

请问：S 先生和 P 先生头上各是什么数？

315．丈夫的忠诚

中级　　难度星级：☆☆★★★　　知识点：逻辑推理

阿米莉亚、布伦达、谢里尔和丹尼斯这四位女士去参加一次聚会。

（1）晚上 8 点，阿米莉亚和她的丈夫已经到达，这时参加聚会的人数不到 100 人，正好分成五人一组进行交谈；

（2）到晚上 9 点，由于 8 点后只来了布伦达和她的丈夫，人们已改为四人一组进行交谈；

（3）到晚上 10 点，由于 9 点后只来了谢里尔和她的丈夫，人们已改为三人一组进行交谈；

（4）到晚上 11 点，由于 10 点后只来了丹尼斯和她的丈夫，人们已改为二人一组进行交谈；

（5）上述四位女士中的一位，对自己丈夫的忠诚有所怀疑，本来打算先让她丈夫单独一人前来，她自己则过一个小时再到。但是她后来放弃了这个打算；

（6）如果那位对丈夫的忠诚有所怀疑的女士按本来的打算行事，那么当她丈夫已到而自己还未到时，参加聚会的人们就无法分成人数相等的各个小组进行交谈。

这四位女士中哪一位对自己丈夫的忠诚有所怀疑？

316. 宿舍同学

中级　　难度星级：☆☆★★★　　知识点：逻辑推理

某大学中，甲、乙、丙三人住同一间宿舍，他们的女朋友 A、B、C 也都是这所学校的学生。据知情人介绍说："A 的男朋友是乙的好朋友，并在三个男生中最年轻；丙的年龄比 C 的男朋友大。"依据这些信息，你能推出谁和谁是男女朋友吗？

317. 不用找零

中级　　难度星级：☆☆☆★★　　知识点：逻辑推理

两位女士和两位男士走进一家自助餐厅，每人从机器上取下一张如下图所示的标价单。

50，95

45，90

40，85

35，80

30，75

25，70

20，65

15，60

10，55

（1）4 个人要的是同样的食品，因此他们的标价单被圈出了同样的款额（以美分为单位）。

（2）每人都只带有 4 枚硬币。

（3）两位女士所带的硬币价值相等，但彼此间没有一枚硬币面值相同；两位男士所带的硬币价值相等，但彼此间也没有一枚硬币面值相同。

（4）每个人都能按照各自标价单上圈出的款额付款，不用找零。在每张标价单中圈出的是哪一个数目？

注："硬币"可以是1美分、5美分、10美分、25美分、50美分或1美元（合100美分）。

提示：设法找出所有这样的两组硬币（硬币组对）：每组四枚，价值相等，但彼此间没有一枚硬币面值相同。然后从这些组对中判定能付清账目而不用找零的款额。

318. 期末加赛题

中级　　难度星级：☆☆★★★　　知识点：逻辑推理

期末考试，四名学生并列第一。为了排出名次，老师决定加考一题。

老师在一张纸上写了四个数字，对甲、乙、丙、丁四位同学说："你们四位是班上最聪明，最会推理、演算的学生。今天，我出一道题考考你们。我手中的纸条上写了四个数字，这四个数字是1、2、3、4、5、6、7、8中的任意四个。你们先猜猜分别是哪四个数字。"

甲说：2、3、4、5。

乙说：1、3、4、8。

丙说：1、2、7、8。

丁说：1、4、6、7。

听了四人猜的结果后，老师说："甲和丙两位同学猜对了2个数字，乙和丁同学只猜对了1个数字。"

过了一会，甲举起手来，并说出了纸条上写的四个数字，且完全正确。老师高兴地宣布，甲得了第一名。

请问，你知道纸条上写了哪几个数吗？

甲是如何推理的？

319. 谁需要找零

中级　　难度星级：☆☆★★★　　知识点：逻辑推理

阿莫斯、伯特、克莱姆、德克 4 人刚刚在一家餐馆吃完午餐，正在付钱。

（1）这 4 人每人身上所带的硬币总和各为 1 美元，都是银币，而且枚数相等；

（2）对于 25 美分的硬币来说，阿莫斯有 3 枚，伯特有 2 枚，克莱姆有 1 枚，德克一枚也没有；

（3）四人要付的款额相同。其中 3 人能如数付清，不必找零，但另一个人需要找零。

谁需要找零？

注："银币"是指 5 美分、10 美分、25 美分或 50 美分的硬币。
提示：先判定每个人所带硬币的枚数；然后判定什么款额不能使 4 个人都不用找零。

320. 默默无闻的捐助者

中级　　难度星级：☆☆★★★　　知识点：逻辑推理

某公司有人爱做善事，经常捐款捐物，每次遇到有人需要帮助，都会第一时间伸出援手。而且他每次做完好事都默默无闻，只会留下公司名，而从不留人名。

一次该公司收到一封感谢信，要求务必找出此人，以当面答谢。公司在查找的过程中，听到了以下 6 句话：

（1）这钱或者是赵风寄的，或者是孙海寄的；

（2）这钱如果不是王山寄的，就是陈林寄的；

（3）这钱是李强寄的；

（4）这钱不是陈林寄的；

（5）这钱肯定不是李强寄的；

（6）这钱不是赵风寄的，也不是孙海寄的。

事后证明，这6句话中只有2句是猜错了的，其余的人都猜对了。

请根据以上条件，确定谁是那个匿名的捐款人。

321. 真正的预言家

中级　　难度星级：☆☆★★★　　知识点：逻辑推理

瑞西阿斯是古希腊著名的预言家之一，他有四个徒弟A、B、C、D。

但是，这四个徒弟中只有1个人后来真正成了预言家。其余3个人，一个当了军人，一个当了医生，另一个当了建筑师。

在他们都跟随瑞西阿斯学习预言的时候，一天，他们四个在一起练习预言。

他们每个人分别预言了一件事：

A预言：B无论如何也成不了军人。

B预言：C将会成为预言家。

C预言：D不会成为建筑师。

D预言：我会娶到公主。

可是，事实上他们4个人当中，只有1个人的预言是正确的，而也正是这个人后来当上了真正的预言家。

请问，后来这4个徒弟各当了什么？

谁成了真正的预言家？

322. 勇敢的猎人

中级　　难度星级：☆☆☆★★　　知识点：逻辑推理

一个勇敢的猎人在森林中打猎时，分别从三只凶猛的野兽口中救出三个孩子。

现在只知道：

（1）被救出的孩子分别是毛毛、农夫的儿子和从狮子口中救出来的孩子；

（2）牛牛不是樵夫的儿子，壮壮也不是渔夫的儿子；

（3）从老虎口中救出来的不是樵夫的儿子；

（4）从狗熊口中救出来的不是牛牛；

（5）从老虎口中救出来的不是壮壮。

根据上面的条件，请你说说这三个孩子分别来自哪儿？

又分别是从哪种野兽口中救出来的？

323. 结婚订婚与单身

中级　　难度星级：☆☆★★★　　知识点：逻辑推理

在一次舞会上，尚未订婚的 A 先生看到 B 女士单独一人站在酒柜旁边。他很想知道这位女士是独身、订婚还是结婚。

现在知道以下信息：

（1）参加舞会的总共有 19 人；

（2）有 7 人是单独一人来的，其余的都是一男一女成对来的；

（3）那些成对来的，要么已经结婚了，要么已相互订婚；

（4）凡单独前来的女士都是单身；

（5）凡单独前来的男士都不处于订婚阶段；

（6）参加舞会的男士中，处于订婚阶段的人数等于已经结婚的人数；

（7）单独前来的已婚男士的人数，等于单独来的独身男士的人数；

（8）在参加舞会的已经结婚、处于订婚阶段和独身这三种类型的女士中，B 女士属于人数最多的那种类型。

请问，你知道 B 女士属于哪一种类型吗？

324．忘记的纪念日

中级　　难度星级：☆☆★★★　　知识点：逻辑推理

汤姆和杰瑞是一对情侣，他们是在一家健身俱乐部首次相遇并认识的。

一天，杰瑞问汤姆他们相识的纪念日是哪一天，可汤姆并没有记住确切的日期。这还了得！杰瑞要求汤姆必须给出准确答案，否则后果不堪设想！

汤姆费尽九牛二虎之力，终于想到了一些有用的信息，或许可以计算出那天具体是什么时候！

他知道的信息如下：

（1）汤姆是在一月份的第一个星期一那天开始去健身俱乐部的。此后，汤姆每隔四天（即第五天）去一次；

（2）杰瑞是在一月份的第一个星期二那天开始去健身俱乐部的。此后，杰瑞每隔三天（即第四天）去一次；

（3）在一月份的 31 天中，只有一天汤姆和杰瑞都去了健身俱乐部，正是那一天他们首次相遇。

根据以上这些条件，你能帮助汤姆算出他们的相识纪念日是一月份的哪一天吗？

325．五名狙击手

中级　　难度星级：☆☆★★★　　知识点：逻辑推理

刑事局干事历经千辛万苦，总算取得有关 A、B、C、D、E 五名狙击手的部分情报，再通过仔细分析，旋即找出了 B 狙击手的绰号。其资料如下：

（1）大牛的体型比 E 狙击手壮硕；

（2）D 狙击手是白猴、黑狗的前辈；

（3）B 狙击手总是和白猴一起犯案；

（4）小马哥和大牛是 A 狙击手的徒弟；

（5）白猴的枪法远比 A 狙击手、E 狙击手准；

（6）虎爷和小马哥都不曾动过 E 狙击手身边的女人。

请问，B 狙击手的绰号是什么？

326.　谁杀害了医生

中级　　难度星级：☆☆★★★　　知识点：逻辑推理

一名医生在家里被人杀害，抓到了四名犯罪嫌疑人。警方根据目击者的证词得知，在医生死亡当天，只有这四个病人单独去过一次医生的家。在传讯前，出于各种不同的原因，这四个病人商定，每人向警方作的供词都是谎言。

下面是每个病人所作的两条供词。

A 病人：（1）我们四个人谁也没有杀害医生。

（2）我离开医生家的时候，他还活着。

B 病人：（3）我是第二个去医生家的。

（4）我到达他家的时候，他已经死了。

C 病人：（5）我是第三个去医生家的。

（6）我离开他家的时候，他还活着。

D 病人：（7）凶手不是在我去医生家之后去的。

（8）我到达医生家的时候，他已经死了。

这四个病人中谁杀害了医生？

327.　珠宝店盗窃案

中级　　难度星级：☆☆★★★　　知识点：逻辑推理

一家珠宝店发生盗窃案，警察抓到三名犯罪嫌疑人。对三名犯罪嫌疑人来说，下列事实成立。

（1）A、B、C三人中至少一人有罪。

（2）A有罪时，B、C与之同案。

（3）C有罪时，A、B与之同案。

（4）B有罪时，没有同案者。

（5）A、C中至少一人无罪。

问谁是罪犯？

328. 三位授课老师

中级　　难度星级：☆☆★★★　　知识点：逻辑推理

在一所高中里有甲、乙、丙三位老师，他们在同一个年级里，并且相互之间都是好朋友。

甲、乙、丙三位老师分别讲授数学、物理、化学、生物、语文和历史六门课程，但不知道哪个老师分别教什么课程。现在只知道：其中每位老师分别教两门课。

除此之外，我们还知道以下信息：

（1）化学老师和数学老师住在一起；

（2）甲老师是三位老师中最年轻的；

（3）数学老师和丙老师是一对优秀的象棋国手；

（4）物理老师比生物老师年长，比乙老师又年轻。

（5）三人中最年长的老师住址比其他两位老师远。

请问，哪位老师教哪两门课？

329. 不同国籍的人

中级　　难度星级：☆☆★★★　　知识点：逻辑推理

在留学生宿舍里住着6个不同国籍的人，他们是好朋友，来留学前，他们都曾经工作过。他们的名字分别为A、B、C、D、E和

F；他们的国籍分别是美国、德国、英国、法国、俄罗斯和意大利（名字顺序与国籍顺序不一定一致）。

现在已知：

（1）A 和美国人都曾经是医生；

（2）E 和俄罗斯人都曾经是教师；

（3）C 和德国人都曾经是技师；

（4）B 和 F 曾经当过兵，而德国人从没当过兵；

（5）法国人比 A 年龄大，意大利人比 C 年龄大；

（6）B 同美国人下周要到英国去旅行，C 同法国人下周要到瑞士去度假。

根据这些信息，请判断 A、B、C、D、E、F 六个人分别是哪国人？

330. 英语六级考试

中级　　难度星级：☆☆☆★★　　知识点：逻辑推理

某大学规定，所有报考研究生的同学都必须通过英语六级考试。所以，英语六级考试的成绩就成了很多学生非常关心的内容。

一次，一个班的所有同学都报考了六级考试。成绩快下来的时候，有人针对英语六级通过情况做了如下猜测：

（1）班长通过了；

（2）该班所有人都通过了；

（3）有些人通过了；

（4）有些人没有通过。

后来经过核实，发现上述断定中只有两个是正确的。

那么，在下列选项中，哪种说法是正确的？

A．该班有人通过了，但也有人没有通过

B．班长通过了

C. 所有人都通过了

D. 所有人都没有通过

331. 得意门生

高级　　难度星级：☆★★★★　　知识点：逻辑推理

张教授在某大学教逻辑课程，甲、乙、丙三个学生都是他的得意门生。这三个人都足够聪明，且推理能力很强。

一天，张教授想测试一下他们，于是发给他们三人每人1个数字（自然数，没有0），并告诉他们这3个数字的和是14。三个学生都只能看到自己的数字，都不能看到别人发到了什么数字，只能通过推理进行判断。

此时，张教授让他们三个人开始判断这三个数字。

甲马上说道："我知道乙和丙的数字是不相等的！"

乙接着说道："不用你说，我早就知道我们3个的数字都不相等了！"

丙听完甲乙两人的话马上说："哈哈，那我知道我们三个人每人的数字分别是多少了！"

请问：这3个数分别是多少？

332. 谁买了果酒

中级　　难度星级：☆☆★★★　　知识点：逻辑推理

有四个不同专业的同学住在一个宿舍中。这天他们一起逛街，各自买了一瓶酒。现在知道：甲是学文秘的；学管理的买了一瓶白酒；学建筑的床铺在乙的右边；乙的床铺在甲的右边；丙买了瓶葡萄酒；丁的床铺在学医学的左面；买葡萄酒的床铺在买啤酒的右面。那么，你知道是谁买了果酒吗？

333. 能否看到信

高级　　难度星级：☆★★★★　　知识点：逻辑推理

英国剑桥大学数学讲师卡洛尔曾出了下面这道题目来测验他的学生的逻辑思维能力。

题目是这样的：

（1）教室里标有日期的信都是用粉色纸写的；

（2）丽萨写的信都是以"亲爱的"开头的；

（3）除了约翰外没有人用黑墨水写信；

（4）皮特没有收藏他可以看到的信；

（5）只有一页信纸的信中，都标明了日期；

（6）未作标识的信都是用黑墨水写的；

（7）用粉色纸写的信都收藏起来了；

（8）一页以上的信纸的信中，没有一封是做标记的；

（9）约翰没有写一封以"亲爱的"开头的信。

根据以上信息，判断皮特是否可以看到丽萨写的信。

334. 不同的嗜好

高级　　难度星级：★★★★★　　知识点：逻辑推理

张先生、李太太和陈小姐三人是好朋友，他们还住在一幢公寓的同一层上。这一层共有三个房间，其中一个房间居中，另外两个房间分别在两旁。

下面是他们三个人的一些特点，请根据这些特点做出判断。

（1）他们每人都只养了一只宠物：不是狗就是猫。

每人都只喝一种饮料：不是茶就是咖啡。

每人都有一种体育爱好：不是网球就是篮球。

（2）张先生住在打网球者的隔壁。

（3）李太太住在养狗者的隔壁。

（4）陈小姐住在喝茶者的隔壁。

（5）没有一个打篮球者喝茶。

（6）至少有一个养猫者打篮球。

（7）至少有一个喝咖啡者住在一个养狗者的隔壁。

（8）任何两人的相同嗜好不超过一种。

根据以上条件判断：谁的房间居中？

提示：判定哪些嗜好组合可以符合这三人的情况，然后判定哪一个组合与住在中间的人相符合。

335. 这张牌是什么

高级　　难度星级：☆★★★★　　知识点：逻辑推理

P 先生、Q 先生都具有足够的推理能力。这天，他们正在接受推理考试。

"逻辑教授"设计了一个很有趣的测试题，题目如下。

首先，他在桌子上放了如下 16 张扑克牌：

红桃 A、Q、4；

黑桃 J、8、3、2、7、4；

草花 K、Q、5、4、6；

方块 A、5。

接着，教授从这 16 张牌中挑出一张牌来，并把这张牌的点数告诉 P 先生，把这张牌的花色告诉 Q 先生。

然后，教授问 P 先生和 Q 先生："你们能从已知的点数或花色中推知这是张什么牌吗？"

P 先生："我不知道这张牌。"

Q 先生："我知道你不知道这张牌。"

P 先生："现在我知道这张牌了。"

Q 先生："我也知道了。"

请问：这张牌是什么？ P 和 Q 是怎么推理出来的？

336．简单的信息

中级　　难度星级：☆☆★★★　　知识点：逻辑推理

一个寝室有甲、乙、丙、丁四个人，毕业以后四个人分别找到了工作，其中一个是教师，一个是售货员，一个是工人，一个是老板（并不对应）。他们的班长想知道四个人的职业分别是什么，但是四个人都只提供了一些简单的信息，你能帮助班长确定四个人的职业吗？

现在已知：

（1）甲和乙是邻居，每天一起骑车去上班；

（2）甲比丙年龄大；

（3）甲和丁业余一同练武术；

（4）教师每天步行上班；

（5）售货员的邻居不是老板；

（6）老板和工人毕业后就没有见过；

（7）老板比售货员和工人年龄都大。

请你根据上面的信息判断每个人的职业。

337．特征的组合

中级　　难度星级：☆☆★★★　　知识点：逻辑推理

亚当、布拉德和科尔是 3 个不同寻常的人，每个人都恰有 3 个不同寻常的特征。

（1）两个人非常聪明，两个人非常漂亮，两个人非常强壮，两个人非常诙谐，一个人非常仁爱。

（2）对于亚当来说，下面是说法是正确的：

A. 如果他非常诙谐，那么他也非常漂亮

B. 如果他非常漂亮，那么他不是非常聪明

（3）对于布拉德来说，下面的说法是正确的：

A. 如果他非常诙谐，那么他也非常聪明

B. 如果他非常聪明，那么他也非常漂亮

（4）对于科尔来说，下面的说法是正确的：

A. 如果他非常漂亮，那么他也非常强壮

B. 如果他非常强壮，那么他不是非常诙谐

谁非常仁爱？

提示：判定每个人的特征的可能组合。然后分别假定亚当、布拉德或科尔具有仁爱的特征。只有在一种情况下，不会出现矛盾。

338．死了几条狗

中级　　难度星级：☆☆★★★　　知识点：逻辑推理

有一个村子里，共有 50 户人家，每家都养了一条狗，一共有 50 条狗。

有一天，村里来了一个警察，警察通知，这 50 条狗当中有病狗，具体有几条狗生病了，警察没有明确说明。

现在只知道，有病的狗的行为和正常狗不一样。而每个人都只

能看出别人家的狗是否有病，而无法看出自己家的狗是否有病。他们只能用逻辑思维推理出自己家狗是否有病。

如果一个人判断出自己家的狗病了以后，就必须当天一枪打死自己家的狗。

其实在警察到来之前，村民已经观察到有病狗，但都判断不出自己家的狗是否有病，因此一直相安无事。在警察到来之后，宣布了一条通知"村里有病狗"之后，才发生了变化。

第一天没有枪声，第二天也没有枪声，在第三天的清晨，响起了几声枪响。

现在请问：一共死了几条狗？

339. 哪一天一起营业

中级　　难度星级：☆☆★★★　　知识点：逻辑推理

某个地区有一家超市，一家银行，一家百货，在一周内有一天三家是都在营业的。

已知信息如下。

（1）这三家单位一周都只工作四天。

（2）星期天都休息。

（3）哪家都不会连续三天都在营业。

（4）有人连续做了六天的观察，发现：

第一天，百货关门；

第二天，超市关门；

第三天，银行关门；

第四天，超市关门；

第五天，百货关门；

第六天，银行关门。

请问：星期几三家单位是都在营业的？